国家新闻出版广电总局向全国青少年推荐百种优秀图书

跟焦虑说再见

主　编　龚光军
副主编　漆明龙　曹贵康

西南师範大學出版社
国家一级出版社　全国百佳图书出版单位

图书在版编目(CIP)数据

跟焦虑说再见/龚光军主编. —重庆：西南师范大学出版社，2014.1

(青少年心灵氧吧丛书)

ISBN 978-7-5621-6596-5

Ⅰ. ①跟… Ⅱ. ①龚… Ⅲ. ①青少年－心理健康－健康教育 Ⅳ. ①G479

中国版本图书馆CIP数据核字(2014)第002545号

青少年心灵氧吧丛书

总主编：高雪梅　李　红　**策　划：**米加德　郑持军

跟焦虑说再见

GEN JIAOLÜ SHUO ZAIJIAN

主编：龚光军　**副主编：**漆明龙　曹贵康

责任编辑：雷　兮
封面设计：畅想设计
插图设计：高明嘉琛
出版发行：西南师范大学出版社
地址：重庆市北碚区天生路1号
邮编：400715　市场营销部电话：023-68868624
http://www.xscbs.com
经　　销：新华书店
印　　刷：重庆紫石东南印务有限公司
开　　本：720mm×910mm 1/16
印　　张：10
字　　数：120千字
版　　次：2018年1月第2版
印　　次：2018年1月第4次印刷
书　　号：ISBN 978-7-5621-6596-5
定　　价：30.00元

衷心感谢被收入本书的图文资料的原作者，由于条件限制，暂时无法和部分原作者取得联系。恳请这些原作者与我们联系，以便付酬并奉送样书。

给青少年朋友的一封信

亲爱的朋友：

在成长的过程中，学习考试的压力是否令你噩梦连连？异性同学交往是否让你困惑重重？虚拟的网络世界是否让你无法自拔？爸爸妈妈的唠叨是否让你烦恼不堪？如果这些答案是肯定的，那么，我们不得不说：亲，你焦虑了。

焦虑为何物？人为什么会焦虑？如何判断焦虑的严重程度？如何缓解焦虑？我们将在这本书中为你一一解答。

本书分为五个部分：何为焦虑、为何焦虑、认识焦虑、应对焦虑、自我修炼。

第一章：通过历史故事或同学们身边的实例，展现了客观存在的种种焦虑现象，学习考试让人“忧”，父母唠叨让人“烦”，外貌长相让人“愁”，异性交往让人“惑”，网络世界让人“迷”。

第二章：通过各派心理学家“仁者见仁，智者见智”的观点和描述，我们对于焦虑的成因将有一个更加全面、立体的认识。

第三章：通过温水煮蛙、鲶鱼效应、秀才赶考、塞翁失马、杯弓蛇影、林肯履历等经典案例，你将认识到焦虑的正能量，你将对焦虑“另眼相看”。

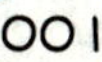

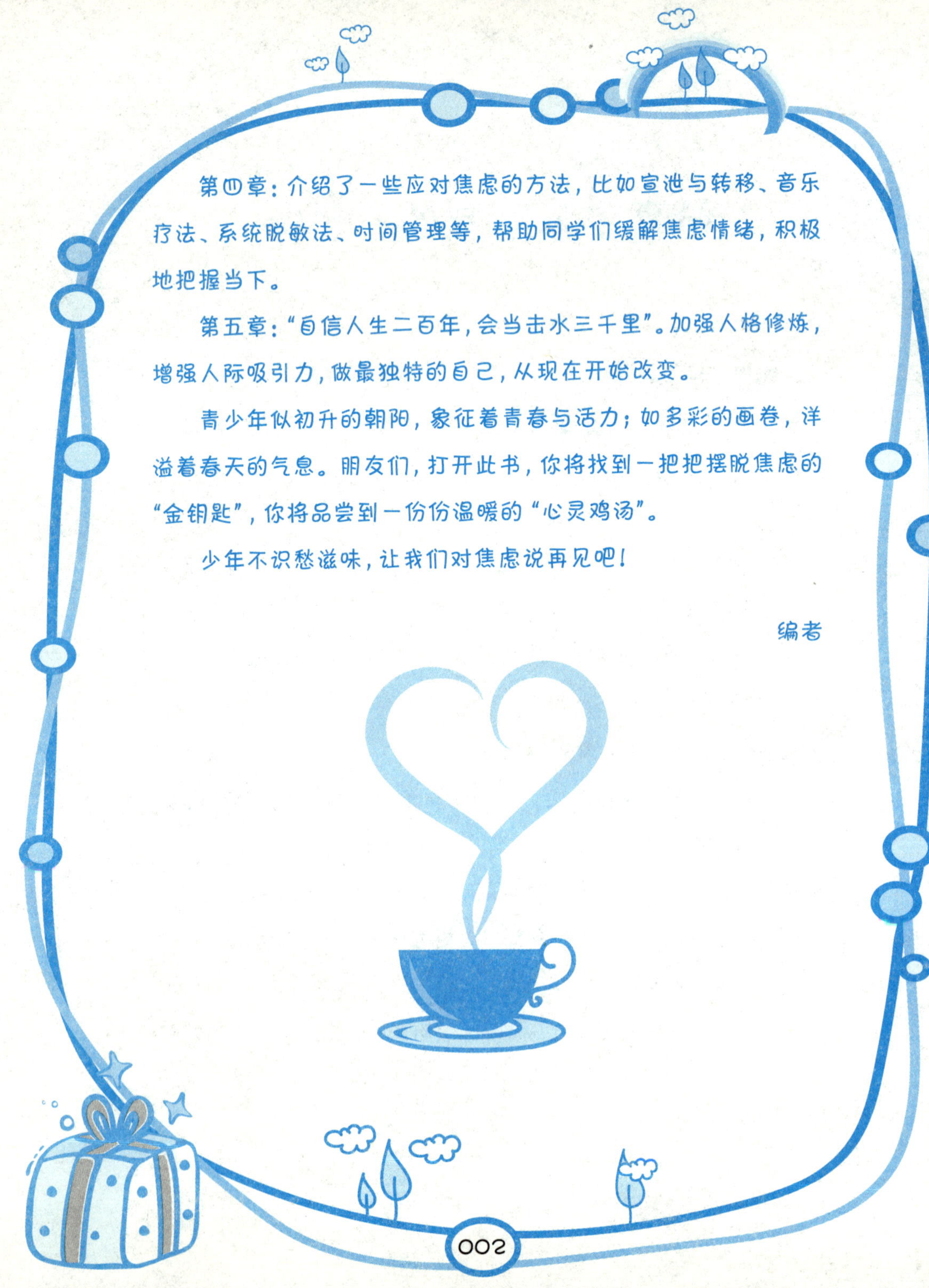

第四章：介绍了一些应对焦虑的方法，比如宣泄与转移、音乐疗法、系统脱敏法、时间管理等，帮助同学们缓解焦虑情绪，积极地把握当下。

第五章："自信人生二百年，会当击水三千里"。加强人格修炼，增强人际吸引力，做最独特的自己，从现在开始改变。

青少年似初升的朝阳，象征着青春与活力；如多彩的画卷，洋溢着春天的气息。朋友们，打开此书，你将找到一把把摆脱焦虑的"金钥匙"，你将品尝到一份份温暖的"心灵鸡汤"。

少年不识愁滋味，让我们对焦虑说再见吧！

编者

目录 CONTENTS

第一章　焦虑百态：何为焦虑

生活中，你有时候会出现焦躁、紧张、不安或忧虑吗？比如，参加考试时，当众发言时，与人初识时，面临重大抉择时……如果答案是肯定的，那么，此刻我们不得不提到一个既熟悉又陌生的词语——焦虑。

本章通过历史故事或同学们身边的实例展现了各种各样的焦虑，学习考试让人“忧”，父母唠叨让人“烦”，外貌长相让人“愁”，异性交往让人“惑”，网络世界让人“迷”。焦虑就像空气，若无声息地客观存在着。

一、与焦虑相遇

心理万象

一夜白头

伍子胥是楚国人，姓伍，名员，字子胥。楚平王听信谗言，杀了伍子胥的父亲和兄长，伍子胥携楚太子建之子胜逃奔他国，被楚兵一路追杀。伍子胥二人辗转到了离昭关六十里路的一座小山下，从这里出了昭关，便是大河，径直通吴国的水路了。然而，此关被右司马远越领兵把守，很难过关。

扁鹊的弟子东皋公就住在山中，他从悬赏令上的图例中认出了伍子胥，他很同情伍子胥的冤屈与遭遇，决定帮助他。东皋公把二人带进自己的居所，好心招待，一连七日，却不谈过关之事。

伍子胥实在熬不住，急切地对皋公说："我有大仇要报，度日如年，这几天耽搁在此，就好像死去一样，先生还有什么办法呢？"东皋公说："我已经为你们筹划了可行的计策，只是要等一个人来才行。"

伍子胥犹豫不决，夜不能寐：他想告别皋公而去，又担心过不了关，反而惹祸；若是不走，不知还要等多久。如此翻来覆去，其身心如在芒刺之中，卧而复起，绕屋而转，不觉挨到天亮。东皋公一见他，大惊道："你怎么一夜之间，头发全白了？”伍子胥一照镜子，果然全白了头，不由暗暗叫苦。皋公反而大笑道：“我的计策成了！几日前，我已派人请我的朋友皇甫讷来，他跟你长得像，我想让他与你换位，以蒙混过关。你今天头发白了，不用化妆，别人也认不出你来，就更容易过关了。”

当天，皇甫讷如期到达。皋公把皇甫讷扮成伍子胥模样，而伍子胥和公子胜装扮成仆人，四人一路前往昭关。守关吏远远看见皇甫讷，以为是伍子胥来了，传令所有官兵全力缉拿之。伍子胥二人趁乱过了昭关，待官兵最后追拿到皇甫讷时，才发现抓错了。因官兵都认识皇甫讷，东皋公又与守关长官远越要好，此事便安然过去。

“白发三千丈，缘愁似个长。”我国自古以来就有忧愁能让人头发变白的说法，甚至还有人一夜之间愁白了满头青丝，最著名的就是伍子胥一夜白头过昭关的故事。

伍子胥为什么一夜白头呢？过度焦虑使然！

心理讲坛

生活中，我们常常遭遇焦虑。参加考试时，当众发言时，与人初识时，面临人生重大抉择时……几乎任何一个与我们的生存发展有关的、超出我们预料的变化，都有可能引发焦虑。

一般认为，焦虑是个体在一定的压力状态下类似担忧和紧张的反应，反映一个人较不稳定的情绪状态或人格特征。焦虑是由紧张、不安、焦急、忧虑、恐惧等主观感受和一些程度不同的躯体反应与外部表现（如心跳、发热或发冷、肠胃不适、胸闷、发抖、头晕、脸发白或发红等）构成。

处于青春期的学生，其个体生理环境和社会环境处在不断发展变化中，内外纷繁复杂的刺激时刻影响个体，极易产生各种不同的焦虑。具体表现有：

（一）学习焦虑

即由学习活动（如考试、竞赛等）引起的焦虑。目前我国中小学生的心理焦虑主要集中于此。

（二）生理焦虑

即因对自身生理发展（如“月经”“遗精”“手淫”及其他第二性征出现）不适应而引起的焦虑。

（三）亲子焦虑

即由于自我意识迅速发展，“成人感”增强，却未获得父母、长辈应有的承认或尊重而产生的焦虑。

（四）人际关系焦虑

即因无法适应各种人际关系（如与老师、同学、朋友等）而引起的焦虑。

（五）适应焦虑

即由于不能适应生活环境和条件的变化而引起的焦虑。如有的赴外地求学不适应当地气候环境、饮食条件、生活习惯等，有的缺乏独立生活和适应社会的能力等。

上述五种焦虑表现，若是短时的、轻度的，则对个体身心健康不会有多大影响，但若是持续时间较长、强度较大的，则会影响青少年学生健康人格的形成与发展。

值得一提的是，焦虑是最常见的一种情绪状态，比如快考试了，如果你觉得自己没复习好，就会紧张担心，这就是焦虑，这是一种保护性反应。适度的焦虑对个人的学习、工作有利，而焦虑过度（高度焦虑）或焦虑缺失（低度焦虑）则不利于学习成绩、工作效率的提高。当焦虑的严重程度和客观事件或处境明显不符，或者持续时间过长，就变成了病理性焦虑，若符合相关诊断标准的话，就会被诊断为焦虑症，也称为焦虑障碍。

相关链接

关于焦虑的成语

【回肠百转】：形容内心痛苦焦虑已极。同“回肠九转”。

【出处】：清·魏秀仁《花月痕》第三十四回：“采秋从这日起，翠眉懒画，鸦鬓俯梳，真个一日之中，回肠百转。”

【揪心扒肝】：指人极度焦虑，异常担忧。

【出处】：老舍《四世同堂》：“他看到了空旷，自由，无忧无虑，比这么揪心扒肝的活着要好得多。”

【劳心焦思】：费尽心机，苦思焦虑。

【出处】：《史记·夏本纪》：“禹伤先人父鲧功之不成受诛，乃劳心焦思，居外十三年，过家门不敢入。”唐·杜甫《忆昔二首》一：“张后不乐上为忙，至令今上犹拨乱，劳心焦思补四方。”

【寝食俱废】：觉也不睡，饭也顾不上吃。比喻极其焦虑不安，或学习、工作极其紧张。

【出处】：宋·洪迈《夷坚志·沈见鬼》："夏六月，真若赤目，肿痛特甚，寝食俱废。"

【寤寐不宁】：日夜都不得安宁。形容十分惊慌与焦虑。

【出处】：清·褚人获《隋唐演义》第八十九回："是夜玄宗与杨妃同寝，毕竟因心中有事，寤寐不宁。"

心理测试

你的焦虑过界了吗？

以下是一个有趣的心理测试，让你对自己的心理状态有更清楚的了解。

一、想象一下，如果来到一间古堡，走进大厅，里面光线很暗，周围都看不清楚，在你旁边有个房间，里面最可能有哪些动物呢？

A. 跳来跳去的猴子

B. 想跑出来的老虎

C. 正在照镜子的孔雀

D. 正在睡觉的猪

答案解析：这一环节是测试你近期心情的。选A表明心情时常躁动不安，不容易静下来，说明你确实有些焦虑。选B表明心中有些愤怒想发泄，但一直在很辛苦地用力克制住这种愤怒。选C表明喜欢发现自己美好的一面，面对自己有较多的认可，有点自恋哦。选D表明喜欢舒适的生活状态，是一个乐天派，不太注重荣辱得失，最近比较轻松。

二、如果你沿着大厅走到二楼的书房外，还没有走进房间，想象一下房间里会怎样？

A. 书房很乱

B. 书房有书并很整齐

C. 书房没书，空的

D. 放满了别的东西，改作他用

答案解析：这一环节测试你对于自己的人生目标是否明确。选 A 表明容易为选择哪一个未来的目标而焦虑，你不是没有目标而是目标太多，不知道选择哪一个。选 B 表明你很清楚自己的方向，正在努力中。选 C 表明你容易为没有目标、缺乏目标而焦虑。选 D 表明你的努力方向也许并不是自己真正喜欢的，或许要重新审视自己的人生目标是否在正确的道路上。

三、你正准备走入地下室的浴室洗个澡，还没有走入浴室，你可以想象一下：

A. 会是一个肮脏的浴室，里面有许多小虫子在爬来爬去

B. 会是一个漂亮干净的浴室

C. 会是一个黑暗的浴室

D. 浴室里堆满杂物，用不了

答案解析：这一环节测试你对自己身体状况的焦虑感。选 A 表明你对身体的状态感到焦虑，较担心自己患上某种疾病。选 B 表明你对身体状态感到满意，较少焦虑。选 C 表明你对身体状态不了解，也不愿意去了解，很可能压抑身体的需要。选 D 表明你对身体状态不满意，有较多的焦虑。

心有灵犀一点通

婴儿在出生时从母体中分离是人类所体验到的最大的焦虑，由于出生而产生的分离感是一切后来出现的焦虑情感的基础。

——弗洛伊德

二、学习考试让我“忧”

心理万象

考试焦虑让人忧

小学毕业，语阳如愿考上了一所重点中学。

面临学校的第一次月考，语阳早早准备，认真复习，期望在考试中取得满意的成绩。考试中，语阳突然很想上厕所，但碍于监考的都是男老师，不好意思说，就一直强忍着。在这个忍耐的过程中，试卷上的题她一道都没读懂。交卷后，她充满了自责：“我怎么这么笨呢？”“这可怎么办啊？”考试两天，语阳急了两天，像热锅上的蚂蚁，像玻璃窗上无头的苍蝇，像闯了大祸的孩童。

最后考试排名，语阳在班里只排了第十五名，这是好强的语阳所无法接受的。小学时候的语阳，各方面表现都很好，曾任中队长、大队委，多次被评为“三好学生”“优秀少先队员”“优秀少先队干部”，更是以年级第二名的优异成绩进入这所重点中学，这也是她父母所津津乐道的。

第一次月考之后，语阳为了提升名次，白天全神贯注地学习，晚上回家还要加夜班，经常学到深夜。错过了最佳睡眠时间的她，上床后久久无法入睡，她告诉自己：“快睡快睡，不然明早起不来！”可她不知道这样的催促只会让自己更无法入睡，好不容易睡着了，又在噩梦中醒来。

后来，只要临近重要考试，语阳总是心慌、焦急，晚上严重失眠。进入考场，就紧张不安、心悸、出汗、感到呼吸困难。

面对考试，有的同学考前几晚睡不着觉，焦躁不安；有的同学自信心不足，担心紧张，坐卧不宁；有的同学甚至吃不下饭，忧心忡忡……心理学家将这些表现称为“考试焦虑”。

心理讲坛

考试焦虑是由一定应试情境引起的一种以担忧为基本特征、以防御和逃避为行为方式，通过不同程度的情绪性反应所表现出来的一种心理状态。

（一）考试焦虑的基本成分

1. 认知成分： 如有的学生一面临考试，头脑中就会出现“惨了”“糟了”“完了”等语言暗示，注意力不集中，记忆力下降，思路不清晰，从而影响了正常水平的发挥。由消极的自我评价或他人评价所形成的意识体验，经过多次强化，就会形成习惯性的思维定式。

2. 行为表现： 主要表现为烦躁、心神不宁、好发脾气、发呆愣神、草率答题等，严重时则逃避考试。焦虑状态导致考试失败，而考试失败又加剧了焦虑状态。于是，考试中，认知偏差、焦虑不安、成绩不佳等便形成了恶性循环。

3. 生理反应：生理反应是同植物性神经系统活动增强相联系的特定的情绪反应，如心率加快、呼吸急促、肠胃不适、尿频多汗、头痛失眠等。这些生理现象的反常，导致焦虑加深、情绪浮躁。

（二）考试焦虑产生的主要原因

1. 对自己要求过高。有些人往往对自己要求很高，希望每次考试都要比别人考得好，小小的失败都可能导致很大的情绪反应；有些人则因家长或老师对其成绩过分关注，对其要求太严。这两类人都会在不自觉中被“不允许失败”的思想占据了头脑，而一旦面对不太有把握的考试时，便会产生严重的焦虑情绪。

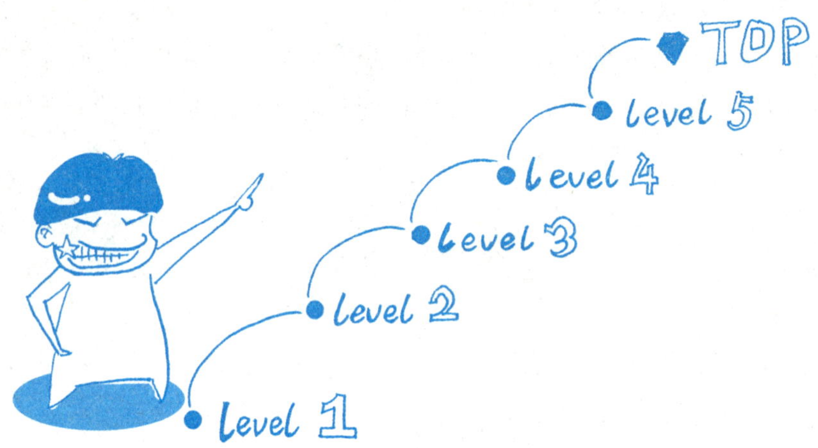

2. 对考试失败的过分担忧。有些考生总是在考试之前就一直对尚未出现的考试结果忧心忡忡，“万一考砸了怎么办？”“如果这次考砸了，家里会……同学会……”这些想法总是困扰着考生，使其难于集中注意力，难于入眠，记忆力衰退。这些夸大了考试重要性的想法和考生自己想象的“严重后果”，不仅使其无法好好复习迎考，同时也加重了考生对考试的焦虑。

3. 对考试态度及目的认识不正确。由于社会和考生自己给考试赋予了太多额外的负担，认为考试成绩事关前途命运、脸面、地位、名誉等，甚至“一考定终身”，使得考生对考试过分担心。如有些人将考场喻为战场，临考时大有“风萧萧兮易水寒，壮士一去兮不复还”的悲壮，这种抱着“必死”的信念去参加考试的人往往就是那些“出师未捷身先死”的“英雄”。

4. 被过去考试失败的经历困扰。过去失败的阴影，特别是面对失败时的一些负性情绪(对自身能力的怀疑、严厉的自责、痛苦的体验等)便在大脑中保存下来了。当面对新的考试时，当前的考试情景便会引发记忆中相关的失败体验，从而引起情绪的波动。它导致的直接后果便是注意力的分散和记忆力的减退，从而使人无法从容应考。

考试焦虑一般出现在三个时间，一是考试前，二是考试中，三是考试后。考前主要表现为“烦”，为即将到来的考试烦，为无法应对考试烦，为考试可能出现的结果烦。考中主要表现为“慌”，考试中因为紧张，不能完成试卷，甚至出现怯场、晕场的情况。考后主要表现为“悔”，考试虽然结束了，但是焦虑并没有停歇，深深的自责与悔恨伴随自己，特别是与同学对答案，以为自己错的时候；特别是发现自己会做却做错题目的时候；特别是看到自己不高的分数的时候。

相关链接

耶克斯—多德森定律

1908年，心理学家耶克斯和多德森通过动物实验发现，个体智力活动的效率与焦虑水平之间存在着一定的函数关系，表现为一种倒“U”形曲线：即随着考试焦虑水平的增加，个体的积极性、主动性以及克服困难的意志力也会随之增强，这时焦虑水平对效率可以起到促进作用。当焦虑水平为中等时，智力活动的效率最高。但当焦虑水平超过了一定限度时，过强的焦虑对学习和能力的发挥又会产生阻碍作用。后来，人们就把这种曲线关系也称为耶克斯—多德森定律。

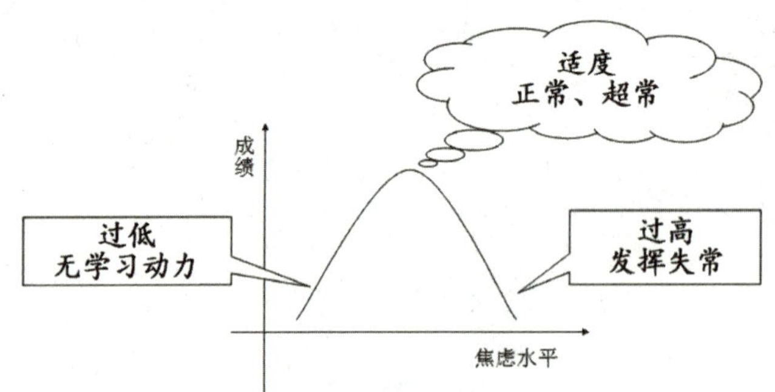

耶克斯—多德森定律

心理学家把“考试焦虑”分为低、中、高三级水平：当人的情绪过于放松，丝毫也不紧张时，认识操作的成绩很差；当人的情绪比较紧张但又不过分紧张时，认识操作成绩最好；当情绪进一步紧张，达到过度兴奋时，认识操作的成绩又降下来。

耶克斯—多德森定律揭示了焦虑程度与能力发挥之间的关系。它告诉我们：轻度紧张和适度焦虑相当于神经内分泌功能的总动员，会调动自己生理、心理的各种积极因素，以应付紧急情况，有助于临场竞技水平的发挥。但是，如果过分紧张，焦虑过度，大脑思维反而受到抑制，严重影响能力水平的正常发挥。

心理加油站

考试“三字经”

考期近，树信心，调状态，进佳境。

文具笔，清理好，准考证，莫忘了。

进考场，心清爽，视考试，寻常事。

拿试卷，填名号，速浏览，定方案。

先做易，后做难，先解简，后解繁。

题审清，书写净，抢速度，要细心。

试题易，莫大意，我觉易，人皆易。

试题难，莫心烦，我觉难，大家难。

答题毕，细复审，要客观，宜冷静。

铃声响，出考场，不议题，不算账。

胜不骄，败不馁，忘成败，是大将。

饭吃好，觉睡香，待明日，打胜仗。

心有灵犀一点通

我所认识的20多位获得诺贝尔奖的专家中，没有一个是考试经常得第一名的。

——丁肇中

三、父母唠叨让我“烦”

心理万象

躲不开的“唠叨”

枯黄的叶子铺满了一地，光秃秃的枝干在风中摇摆，这里的风和我此时的心一样冷。我拉了拉衣领，把那冻僵了的脑袋缩了进去，继续徘徊在这条小路上。我不想回家，因为我怕见到他们。不知从什么时候起，一层隔膜悄悄在我们之间滋长，虽然谁都想捅破它，但谁都没成功。

我们是三口之家，爸爸很勤劳，不怕苦不怕累；妈妈很善良，工作特别忙；我是一个初中生，有点叛逆，有点自我。

我喜欢我的家，却不喜欢他们的唠叨。每天一起床，妈妈就开始唠叨："起床了，快一点，不然会迟到的。""快把这个鸡蛋吃了，对身体好。""今天外面冷，把外衣穿上。""去学校不要和同学打架，上课认真听讲，多回答问题。""放学别乱跑，赶快回家做作业。"……妈妈就这样每天重复着这些话。

爸爸也会在晚饭后说："以后不能总看电视，好好学习，多学些知识好……"有时我也会不耐烦地顶上一句，可没办法。

现在流行"穿越"一词，我也想穿越，穿回以前那快乐的时光，可以扑在妈妈怀里撒撒娇，讲讲我一天在学校的奇闻逸事。我的心情像这天气一样，没有一丝阳光，有的只是没有流出来的泪。一想到这里，我不由得鼻尖发酸，眼前模糊一片。我越想越难过，早已在眼睑内蓄积了许久的泪水夺眶而出，哗哗地流过雪白的面颊。

2010年，被网友们戏称为写得"太真实了"，也十分有趣的描写妈妈唠叨的《妈妈之歌》在网络上非常火爆。作为三个孩子的母亲，美国喜剧女演员安妮塔将自己每天常絮叨的话写成简短的歌词，配着意大利作曲家罗西尼的《威廉泰尔序曲》唱了出来，很有味道。看来，不论是中国妈妈还是外国妈妈，都有唠叨的爱好。

心理讲坛

父母的唠叨里有什么？带着这个问题，我们开始今天的学习。

（一）情境体验

情境一：某学生的房间。桌子上堆满各种书、资料、文具，床上被子、毛巾乱成一团。该生因找一本参考书正在着急地乱翻。这时母亲进入房间，指责该生懒，平时不收拾东西。

情境二：晚上，墙上的挂钟时针已指向九点，某学生仍在津津有味地看电视，此时已临近月考。父母催促该生做作业和复习功课，该生充耳不闻，父母忍不住开始唠叨。

情境三：晚上，某生下晚自习回到家后即安静地在房间里写日记。母亲探头探脑地走进来，装作漫不经心的样子往日记本上瞟了几眼，扔下一句话："时间不早了，该干正经事了。"

看来同学们都能听到父母的唠叨，虽然引起唠叨的原因很多，但归纳起来主要有下面几种情况。

1. 学习方面：作业拖拉，不复习；书写不认真，成绩不理想。

2. 服饰方面：要名牌服装，打扮超前，不符合学生身份。

3. 社交方面：外出玩耍不提前交代清楚，让父母担心。

4. 卫生方面：房间脏、乱、差。

5. 安全方面：行路安全，骑车安全，谨防陌生人等。

6. 饮食方面：挑食，暴饮暴食。

7. 娱乐方面：无节制地玩电脑、看电视等。

（二）换位思考

对父母的唠叨，我们要么沉默不语、行动拖拉，要么针锋相对、言语刻薄，要么离家出走、伺机报复。你想过没有，父母对于你以上的行为，感受是怎样的？

父母与我们的差异

维度	父母	我们
生理	成人，正值中年，壮年	青春期，并未成熟
心理	成熟，有主见	渴望独立，自控能力差
阅历	饱经风霜，经验丰富	经验不丰富，知识有限
思想	求稳，保守	开放、创新、偏激
行为方式	冷静，谨慎，恪守规则	冒险、变化快、讲效率
社会角色	多角色、多职业	子女、被监护人、学生

《外交家爸爸给儿子的信》被誉为"一部使人脱胎换骨的人际关系与礼仪全书"，牛津大学出版社特将此书列入《牛津世界经典》之一。那是一位父亲给儿子一生的忠

告，忠告之一就是：换种眼光、换个位置看问题，你就会豁然开朗、快乐起来！

其实，唠叨是浓浓的关爱，唠叨是温暖的呵护，唠叨是真诚的劝说，唠叨是殷切的期盼。

（三）积极应对

我们该怎样应对父母的唠叨呢？以下是心理专家的一些建议。

1. 学习方面："赶前不赶后"，先完成作业，再复习功课。如果父母唠叨，你就可以理直气壮了。

2. 仪表方面：上学当然穿校服。节假日可以适当打扮，不过要征求父母同意，也可以请服装超前的同学到家里玩，让父母接受你们的打扮。

3. 社交方面：一定要让父母知道你什么时候在什么地点、和谁在一起。他们是你的监护人，有权利知道这一切。

4. 卫生方面：起床叠被，保持房间的整洁，勤洗头、洗澡，养成良好的卫生习惯。

5. 安全方面：注意行路安全、骑车安全，谨防陌生人搭讪等。

6. 饮食方面：不挑食，不暴饮暴食，节约粮食。

7. 娱乐方面：有限制地玩电脑、看电视等，事先经过父母同意，请他们监督。

"世上有种结难以解开，它叫心结；世上有扇门难以敞开，它叫心扉；世上有条沟难以逾越，它叫代沟。"但是，只要我们孝敬父母、理解父母、尊重父母，掌握与父母沟通的技巧，那么，对生我们、养我们、爱我们的父母，还有什么心结难以解开，什么心扉不能敞开，什么代沟难以逾越吗？

心理加油站

学会与父母沟通就是要理解自己的父母，要理解父母的唠叨。你尝试过下面的方法了吗？

1. 安静聆听法(虚心接受父母的教诲，做一个乖孩子。)

2. 转移注意法(可以给他们让座、拿拖鞋、端杯水或说些别的话题。)

3. 自我嘲讽法(语言幽默风趣，自我讽刺，缓和气氛。)

4. 解释说明法(可以在父母比较冷静的时候，解释清楚。)

5. 撒娇耍赖法(可以对他们笑一笑、做做鬼脸、撒撒娇，只要父母高兴，撒娇耍赖也不错。)

6. 写信述说法(可以给父母写封信，委婉地表达自己的看法。)

正所谓：

亲子沟通并不难，理解父母是关键。
父母养我多操劳，体贴父母理当然。
唠叨背后是关爱，面对要求莫逆反。
发生矛盾勿冲动，尊重父母记心间。
平时交流很重要，技巧方法勤锻炼。

真心希望同学们，与父母多沟通，与父母共建和谐幸福的亲子关系。

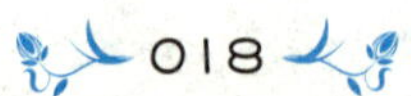

美文赏析

我与家

家是港湾，当你累了的时候，让你停泊、休息；它也是人生旅途上的加油站，当你遇到困难、受到伤害时，给你加油、充气，让你重新扬起生命的风帆。

家是一条温暖的河，平时风平浪静缓缓流淌，当生活的变故激起浪花时，它就会调整流向，给我们乘风破浪的力量。

家是实现渴望的地方，人生不能没有渴望，有了温暖的家来烘托，我们就会放飞渴望，兑现渴望。

家永远是我们心中的驿站，既能为我们遮风避雨，又能送我们扬帆远航，我们心灵中最美好的愿望都环绕着这个中心地。

家像一年四季春夏秋冬。春天，充满温馨与希望；夏天，充满热烈与沉重；秋天，充满收获与祥和；冬天，充满宁静与缅怀。

家会随心一起走，无论是飞越了天涯或是走过了海角，只要轻轻回头，就会看见我可爱的家。为了演好“我与家”这部人生喜剧，需要把爱心带进子女这个角色，给养育我们的父母送去一份份温馨和希望。

心有灵犀一点通

不当家不知柴米贵，不养儿不知父母恩。

——中国民间俗语

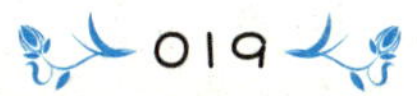

四、外貌长相让我“愁”

心理万象

我是一个丑女孩

“你长得好丑！”第一次听到这句话是在小学三年级的时候。因为一个小误会，我和一个男生争吵了起来，被同学们劝开后，他冷冷地抛了一句：“你长得好丑！”这句话就像一盆冬日中的冷水，让我全身冰凉！

回到家，我在镜子面前呆呆地站了半天。仔细端详着镜中的自己：鼻子、眼睛、眉毛，无一美处，塌鼻子、小眼睛、大饼脸！是啊，我是一个丑女孩，可是，这是我能决定的事情吗？我伤心地哭了一晚上。

我没有美丽的容貌，也没有优美的身材，甚至连说“我长相很一般”的权利都没有。为了挽回一些颜面，我拼命学习。因为成绩出类拔萃，我一直是各科老师树立的榜样，是同学们羡慕的对象。老师们谈及我，会说：“小A啊，听话，是一个好学生。”同学们论及我，大家会说：“小A啊，成绩好，表现好。”

“漂亮不是万能的，不漂亮却是万万不能的。”我不愿只当这么一个“好学生”，每当看到那些漂亮的女孩子时，我总是非常羡慕，羡慕上天给了她们这么一个美丽的外表，让她们天生丽质。

有天晚上，我梦见我做了整容手术，我高兴极了。突然，我感觉某个部位隐隐作痛，手术出现了意外！“人造美女”恢复本来面目，同学们又开始笑话我了。

梦醒了……

小A成绩好、表现好，是一个好学生，本应该引以为豪，可她为什么对自己的长相那么耿耿于怀呢？那是因为她的自我意识出现了偏差。

心理讲坛

同学们，你们知道“什么动物早晨四条腿走路，中午两条腿走路，晚上三条腿走路，腿最多时最无能”？

谜底是人。

这是著名的斯芬克斯之谜，出自古希腊神话故事《俄狄浦斯王》。

在古希腊奥林匹斯山，有一座特尔菲神殿，神殿里有一块石碑，上面写着一句话——“人啊，认识你自己。”无论是老子的“知人者智，自知者明”，还是笛卡尔的“用心灵的眼睛去注意自身”，古圣先贤对现实人生的关注正是现代心理学研究的重要内容之一——自我意识。

心理学认为：自我意识是对自己及自己与周围环境关系的认识，包括对自己存在的认识，以及对个体身体、心理、社会特征等方面的认识。这种认识是个体通过观察、分析外部活动及情境、社会比较等途径获得的，是一个多维度、多层次的心理系统。

（一）从内容上看，自我意识可分为：生理自我、心理自我、社会自我

1. 生理自我——“我就是我！”是人们对自己身体、生理状态的认识、体验，如身高、体重、容貌等。

2. 心理自我——“我行，我一定行！”是人们对自己的心理活动、个性特点、心理品质的认识、体验和愿望，如性格、气质、兴趣、爱好等。

3. 社会自我——“我的价值是通过对社会贡献的大小来体现的！”是人们对自己的社会属性的认识，包括在各种社会关系中角色、地位、权利、人际距离等方面。

（二）从结构上看，自我意识可分为：自我认识、自我体验、自我调控

1. 自我认识——“我是谁？”自我认识是主体我（I）对客体我(me)的认识，包括自我感觉、自我观察、自我分析、自我评价等。自我认识解决“我是一个什么样的人”的问题。

2. 自我体验——“我喜欢我自己吗？”自我体验是在自我认知基础之上主观自我对客观自我产生的情绪体验。主要集中在“能否悦纳自己”“对自我是否满意”等方面，可以包括义务感、责任感、优越感、荣誉感、羞耻感等。

3. 自我调控——“该做什么和不该做什么？”自我调控是对自己行为和思想、言语的控制，以达到自我期望的目标。自我调控是自我中最高阶段，主要涉及“我应该做什么？”“我应该成为什么样的人？”“我可以选择如何做？”等。包括自强、自立、自律、自制、自控、自主……

（三）从存在方式看，自我意识可分为：现实自我、镜中自我、理想自我

1. 现实自我——“我目前实际的样子。”就是个体从自己的立场出发对自己当前

总体实际状况的基本看法。

2. 镜中自我——“我在他人心中的样子。”又称他人自我，是指个体想象自己在他人心目中的形象或他人对自己的基本看法。

3. 理想自我——“我期待中的样子。”则是指个体想要达到的比较完美的形象。

相关链接

中学生正处在少年期与青年初期，是从儿童期（幼稚期）向青年期（成熟期）发展的一个过渡时期，心理素质还不够稳定，属于心理上的“断乳期”，因而自我意识也呈现出两重性倾向。

一是独立性与幼稚性相连。随着年龄的增长、知识的增多、交往的扩大，中学生“独立意识”迅猛觉醒，渐渐产生“成熟感”，觉得自己不再是小孩了，喜欢表现自己“大人”的“不凡”与“成熟”。这种独立性使得他们的自尊心、好胜心不断强化，是促进其个性发展的积极因素。但这种独立性却带有与生俱来的“毛病”——幼稚性、片面性。由于他们自以为已长大成人，自我感觉良好，因而不能正确认识自己，常常把家长和老师善意的忠告和必要的提醒拒之门外。

二是自尊心与自卑感同在。由于认知水平所限，自我评价的全面性、深刻性和客观性程度还不高，往往不能对自己做出公正、客观的评价，即表现为自我评价偏高，对自己的能力缺乏实事求是的估计，没有“自知之明”，甚至狂妄自大。心理上的不成熟，导致自我调节能力也不完善，甚至出现自我否定的倾向。

三是闭锁性与开放性共存。中学生独立意识的增强，使他们渴望从成年人那里得到平等地位，乐于同成年人交流思想。但由于思维能力、生活阅历无法与成年人相比，客观上与成年人有很大差距，形成“代沟”，因而其“独立要求”“平等意识”都无法得到满足，这就会严重挫伤他们那敏感脆弱的自尊，形成了交往中的“闭锁性”。相反，他

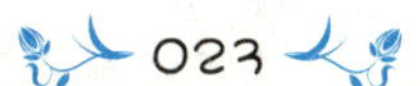

们在同龄人那里却可以无拘无束，畅所欲言，交流“成熟”体验，从而表现出与同龄人交往的“开放性”。

美文赏析

自卑也是一种力量

看过很多描写一个人应该怎样自信的文章，它们说得非常有道理。我们的生命之所以能拥有某种高度，是因为我们的心灵已经抵达了它，否则，你永远只能是山脚下一棵矮小的狗尾巴草。然而，一般的人很少想到适当的自卑有时也是一种生命的补液，偶尔使用它，我们的事业之花就会开放得更艳更美，也更持久。

拥有一点点自卑之心，对人生多有教益。爱迪生的学业成绩差得让老师想跳楼，为此，老师竟建议家长让他退学。爱迪生也曾自卑过，但他把这种自卑当成动力，最后成了伟大的发明家。普希金当学生时，他的数学一塌糊涂，无论做什么题目，也不管运用哪种方法，最后他都会让答案等于零。为了自我鼓劲，他选择了写诗，结果成为一代文豪。

自卑能促使我们对自我作出一种冷静的剖析。一个人不难走向自信，人天性中就有一种自恋和唯我独尊的基因，这种基因使我们自以为是，听不进别人的好意见。我们真正难以做到的是时刻认识到自己生命的不完善、不完美，从而保持一种谦和的心境。自卑是这种谦和的母亲。

人生自然不能过于自卑，过分的自卑会打倒一个人的毅力和勇气，使我们自己消灭自己；但也绝不可盲目自信，一个人盲目自信容易变得狂妄，自己挡住前进的道路。最理想的是把两者结合起来，用自卑探照自己性格、知识、才华的黑洞，用自信寻找走出迷途的道路。

（节选自《时文选粹》第二辑，作者阿明）

心有灵犀一点通

如果一个人不过高地估计自己，他就会比他自己所估计的要高得多。

——歌德

五、异性交往让我"惑"

心理万象

异性交往的烦恼

新学期一开始，老师便把我的座位调到婷后面。我们成了同组组员后，一起打扫卫生，一起讨论问题。上课时我常常踢她的椅子，下课后我喜欢拍她肩膀，然后她会腼腆地骂我一句"死班长"。

我的理科在班里独占鳌头，这是我的骄傲，可是每当试卷发下来，我都会看到婷的眼睛里晶莹地闪动着泪珠。我的心像被针扎一样生疼，于是决定帮助婷提高理科成绩。后面的考试，婷的成绩果然上升了，我们都沉浸在"合作学习"的喜悦中。

一天晚上，我睡不着，满脑子都是婷的面孔，我鼓足勇气，写了密密麻麻的一封信，大有海枯石烂、至死不渝之决心，署名为“最爱婷的老鼠”。

第二天，我把信送到她手里，看到她甜甜的笑，信心倍增。那天下午，婷给了我一个惊喜，真的，是一个惊喜。

“老鼠：唉，看来我真的和‘鼠’很有缘，现在我的男朋友吧，就叫鼠。我一直想找机会断，但他对我太好了。上星期他的脚受伤了我都没有看他，我很狠心吧？总之现在我不能接受你。对不起，不要有恶劣反应哦！婷。”

我愣了，像掉进了无底洞一样，周围突然变得黑暗，我努力地告诉自己这不是真的。一股莫名的潮水将我笼罩，欲哭无泪，脸上挤出一个苦涩的笑容，装作没事一样。往后的日子，我和婷失去了以往的欢声笑语，失去了以往的亲密，遇见时再也没有以往的感觉……

随着年龄的增长，特别是到了青春期，我们会产生对异性的好奇，希望接近异性，了解异性，这是心理发展的必然过程。由于指导不力、方法欠佳等原因，异性交往问题日益增多，可谓“知音难觅”，有的同学难以区分友情与爱情的界限而陷入“早恋”泥潭，不够健康的性别关系已在相当程度上影响到青春期身心的正常发展。

如何与异性同学恰当交往呢？

心理讲坛

对中学生而言，异性同学之间的正常交往不仅有利于学习进步，而且有利于个性的全面发展。一般而言，有同性也有异性朋友的中学生，往往性格开朗，为人诚恳热情，乐于帮助同学，自制力比较强，学习上追求上进。而那些只有同性或者只有异性朋友的学生，往往缺乏健全的情感体验，不具备较强的社交能力，社交范围和生活也比较狭小，人格发展不尽完善。

（一）异性交往要把握“自然”“适度”两大原则

自然原则就是交往过程中，言语表情、行为举止、情感表露及所思所想要做到自然、顺畅，既不过分夸张，也不闪烁其词；既不盲目冲动，也不矫揉造作。消除异性交往中的不自然感是建立正常异性关系的前提，自然原则的最好体现是既要认识到性别差异，尊重对方，也要模糊性别差异，像对待同性朋友那样对待异性朋友，像建立同性关系那样建立异性关系，像进行同性交往那样进行异性交往，这样就会更好地进行异性交往。同时，和异性交往应有适度原则，为大多数人接受就是能为社会文化和学校文化接受，既不要和异性频繁交往萌动情爱，也不要回避或拒绝异性而对双方造成心理伤害，既不过多地参与异性间的“单独行动”，也不在异性面前“如临大敌”，拒不接纳异性的帮助和热情。

（二）夏天不吃秋天成熟的果

有位专家曾说“女孩早熟弊大于利，男孩晚熟弊大于利”，因为这两种情况都是非常态的。由于虚荣心作怪，认为有异性朋友有能耐，没有便没能耐，交个异性朋友招摇过市，想得到别人的羡慕，达到被尊重的需要。有同学说“早恋是无聊时的谎言”，这在一定程度上反映了早恋的本质。既然是“谎言”，就使虚伪的成分掺杂其间，这更与爱情的真谛风马牛不相及。爱情是美好的，美好不仅是体验幸福的美好，更在于它产生的时机美好，早恋被人反对，不是因为“恋”，而是因为“早”。过早的爱情体验会使中学生迷失现实里的方向，留下一生的遗憾。如中学语文课本第三册中的《氓》的男主人公就是一个没有责任心的男子，认清了真面目的女子只能发出“士之耽兮，犹可说也；女之耽兮，不可说也”的叹息，这难道没有警戒作用吗？

（三）早开的花儿不芬芳

1. 严重影响学习。人的精力是有限的，时间是一个常数，中学时代学习任务很重，要求较高，一环扣一环。如果早恋，大部分心思要投入到自己的异性朋友身上，这样一定会分散注意力，学习自然深受影响。

2. 影响人的非智力因素的发展。人的非智力因素包括动机、兴趣、情感、意志等。早恋者在自制力水平上大都不太好，由于沉湎于卿卿我我之中，学习动机减弱，学习热情下降。

3. 隐含着许多被伤害的因素。由于心理的不成熟，易出现越过雷区的现象，造成身心伤害是一辈子难以抚平的，所以告诫每个早恋的学生一定要有约束自己行为的底线，有责任心保护对方。

人生就是一个大舞台，在学习生活当中，人跟人必然要进行交往。美丽的花季，多梦的年龄，只有在一定的准则和约束下，我们才能拥有最真、最纯、最美的友谊，才能将友谊进行到底！

相关链接

上海某中学异性交往“八提倡和八不提倡”

一、交往对象：提倡男女同班同学多交往，不提倡男女生跨班、跨年级，更不提倡跨校，甚至跨行业交往。

二、交往范围：提倡男女生集体交往，不提倡男女生单独交往。

三、交往场合：提倡男女生在校内交往，不提倡男女生在校外，尤其在娱乐场所交往。

四、交往内容：提倡学生交往多谈学习、工作等健康内容，不提倡同学交往谈吃、谈穿、谈玩。

五、交往形式：提倡学生交往重精神轻物质，不提倡学生交往送礼。

六、交往举止：提倡男女生交往讲究文明，举止言辞得体，不提倡男女交往动手动脚，肢体接触。

七、交往指导：提倡男女交往应主动听取长辈的指导，不提倡背着长辈特别是监护人交往。

八、交往虚实：提倡男女生交往在现实环境中进行，不提倡男女生在网上交往。

美文赏析

所有的日子依然美好

世间万物各有时节，过早地成熟，就会过早地凋谢。

我们既然是在春天，就不要去做秋天的事。

不要以为我细小的手指可以抹平你心中的创伤。

不，它能承受的只是拿书的力量。

我脆弱的心灵载不动你的款款深情，驶向海洋。

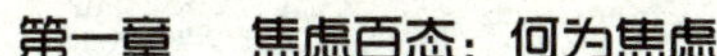

我不想让自己的小船过早地搁浅，
所以，请收回你热烈的目光。
请原谅我的沉默，丢失我，你并不等于失去一切。
如果真的如此不幸，只能说你还太幼稚。
把我连同你青春的心事一块儿，尘封进那粉红色的记忆吧。
那时，你会发觉阳光依然灿烂，所有的日子依旧美好。

心有灵犀一点通

不论是多情的诗句，漂亮的文章，还是闲暇的欢乐，什么都不能代替亲密的友情。

——普希金

六、网络世界让我“迷”

心理万象

网络的诱惑

如果我不在网吧，就在去网吧的路上。

哥上的不是网，哥上的是寂寞。

不上网，我就手痒。

打死都要上网。

……

小华：11岁，由于学习成绩差，在老师和同学面前老抬不起头，于是沉迷网络聊天，经常逃学，对人极为冷漠。母亲晚上都不敢先睡，害怕儿子上网去。小华干脆躲进网吧，彻夜不归，父母软硬兼施，无可奈何。

小光：六年级学生，从五年级下学期开始打电脑游戏后就一发不可收拾，为了不让他去网吧，家里甚至给他买了台电脑供他打游戏，可他还是经常离家打电脑游戏，经常逃课，直至降级。有同学约他打游戏，他又去了，并且又开始通宵不归。

小明：14岁，沉迷于电脑游戏，无法自拔。为了偷钱去网吧，他在通州奶奶家，趁爷爷奶奶熟睡之际，竟将奶奶砍死，爷爷也被砍成重伤。

众所周知，罂粟花可以制作毒品，杀人于无形，也可以用作止痛药的原料，造福于人类。网络就像罂粟花，它给予孩子们思想上的满足，让他们了解到世界的丰富多彩，同时又让他们沉湎其中、不能自拔、中毒颇深。

网络，让人欢喜让人忧！

心理讲坛

同学们，一个人的青春能有几回？莫待白了少年头，空悲切。踏上新世纪的征途，接过长者的火把，在今天，让我们点燃这样一个鲜活的主题——珍惜青春，拒绝网瘾。

（一）网络成瘾的表现

1. 依赖网络：强烈地想要上网，自己无法控制；脑子里总是不断浮现上网的想法以及网络上的场景，渴望着再次上网；多次想控制自己不去上网，但都失败了。

2. “耐受”表现：需要不断增加自己上网的时间，才能感到与之前一样的愉快感、满足感；实际上网的时间和频率常比计划的更多、更高。

3. “戒断”表现：上网时神采奕奕，下线后无精打采，感到生活毫无乐趣。

4. 生活受到影响：为了上网不惜放弃其他的事情，如交友、学习；为了有更多的时间上网而改变自己的生活方式，通宵达旦地留在网上，甚至不吃饭、不洗漱；遇到问题只会回到网络，麻痹自己，发泄情绪。

（二）网络成瘾的危害

1. 学业损害：上网时间过长，侵占了学习的时间，导致对学习的兴趣减弱，常不交

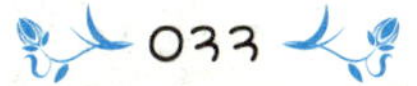

作业、缺课、成绩下降，甚至辍学，长此以往会使智能受到影响。

2. 人际交往损害：喜欢待在网上，不愿意与父母、同学交往，逐渐变得对待他人十分冷漠，长此以往人际关系受到明显损害。

3. 生理危害：上网时间过长，出现头晕、头痛、颈背痛、睡眠障碍、食欲下降、消化不良、体重减轻、易疲劳等生理不适。严重的可导致免疫功能降低，引发心血管疾病及眼睛方面的问题。

4. 心理危害：出现情绪问题，如精神不振、悲观消极、丧失自信、缺乏兴趣和动机等，甚至产生自杀意念和行为。出现行为问题，如敏感冲动、与父母冲突、家庭暴力、离家出走、行为越轨，甚至犯罪等；向父母、老师或朋友说谎，隐瞒自己的网络迷恋程度，以及上网所花费的时间和金钱。

（三）网络成瘾的原因

1. 自卑心理。其原因有以下几个方面：一是他们学习成绩较差；二是老师、家长都对他们表示极大的不满，使他们找不到被尊重的感觉；三是人际关系缺乏。以上因素使他们感受不到自己在现实中存在的价值。

2. 求异心理。青春期的学生，生理的变化必然引起心理的变化，正处于"追求异性的狂热期"，他们特别渴望得到异性的关注，受到异性的青睐。但这部分学生因各方面原因，可能不太引起异性的注意，于是，他们选择了网络，点击鼠标，满足自己渴望与异性交流的心理。

3. 从众心理。他们处于世界观、人生观、价值观形成时期，自控能力较弱，社会的不良风气对他们有强烈的影响。

4. 好奇心理。开始，看到别人上网，很好玩，听上网的同学说了网上的一些内容，觉得很有意思，于是那部分在现实中找不到快乐感与成就感的学生，在好奇心的驱动下上网了。

5. 补偿心理。处于发育期的青少年和亲人、朋友及老师之间的交流并不顺畅，为了宣泄心中的苦闷，逃避现实，在网上寻求安慰和刺激。

此外，青少年发生网络成瘾还与个人的心理品质有关，一些在现实中应付困难的能力差、自我认同度低的人容易上网成瘾。

（四）网络成瘾的预防

青少年只要养成良好的上网习惯，培养健康的心理品质，网络成瘾是可以预防的。

1. 控制上网时间。控制好每周上网的时间要比控制好每天的时间更有效。给自己一个限定“我每周上网的时间不能超过 × 小时”，自行调节避免过于死板。

2. 控制上网地点。未成年人不去网吧上网。同伴之间往往存在相互“学习”的作用，如果遇到一些成天泡在网上的“榜样”，就会加速网络成瘾的形成。

3. 控制网络的使用内容。学习网络的使用技巧，学习网上获取资料的技能，保护自己的电脑不会受到病毒或“不良网站”的攻击。

4. 寻求外界监督。把电脑放在客厅、书房等有利于家长或者他人监督的地方，也可以在电脑旁放一个小闹钟，事先就定好下线的时间，这些都能预防网络成瘾的发生。

另外，培养一些其他的课余活动和兴趣爱好，对预防网络成瘾的发生也具有重要的意义。

相关链接

社交网络，弊大于利

美国心理学家拉里·罗森曾公布一项研究成果称，对于那些想和旧时同窗重新建立联系的人们来说，脸谱（Facebook）真是再合适不过的选择。但是，对于那些还在上学的青少年而言，它的影响却是弊大于利。

罗森是美国加利福尼亚州立大学的心理学教授，同时也是专攻科技对儿童影响问题的专家。他指出，社交网络是把双刃剑，有时能帮助青少年，但是有时也会伤害到他们。社交网站对青少年而言的弊端在于：

1. 那些沉迷游戏和脸谱的青少年将会面临更多的身体和心理问题，其中包括睡眠质量下降，更常感到焦虑或者沮丧，以及更容易感到肠胃不适。

2. 那些喜欢整天泡在脸谱上的青少年比一般人更加自恋，有时候还会表现出其他一些心理失调症状，例如做出一些反社会行为、有躁狂症的举止以及有攻击性的倾向。

3. 沉迷这些高科技产品的学生更有可能逃课。

4. 青少年和成年人沉溺于脸谱的时间越久，就越有可能染上酗酒的恶习。

5. 调查中还发现，从初中到大学里，都有部分学生习惯在学习的时候，每隔几分钟就会去查看一下他们的社交网络或者发送短信，这最终导致了与其他能够长时间聚精会神学习的学生相比，这些学生的考试成绩普遍较差。

6. 平均每个青少年每月发送的手机短信数量为2000条，这将会极大地影响到他们与家庭成员间的沟通，部分严重的情况还会导致他们罹患腕骨神经综合征。

（新华网）

心有灵犀一点通

电脑和网络是工具，而不是玩具。用电脑的人是聪明的人，只是玩电脑的人是不够明智的。善于运用电脑和网络，会帮助你成功，如果只是沉迷于电脑网络游戏或聊天，会导致你失败。

——陶宏开

第二章　焦虑缘由：为何焦虑

焦虑是怎样产生的呢？

对此，心理学家各持己见，可谓“仁者见仁，智者见智”。

现代心理学源远流长，有行为主义、精神分析、人本主义、认知主义等几大流派，他们对于焦虑成因的解释各不相同，每一种都可以成为我们认识焦虑的一个角度、一条途径。

行为主义认为，焦虑来自学习；精神分析认为，焦虑是由于自我、本我、超我和现实之间不可调和的矛盾造成的；人本主义认为，焦虑是缺乏关爱所致；认知主义认为，焦虑是由非理性观念引起的。综合众家之言，我们认为，焦虑是多因素综合作用的产物，应该具体问题具体分析。

一、焦虑来自学习

心理万象

小艾尔伯特感到害怕了

20世纪20年代，心理学界开始了一场新的运动，以巴甫洛夫和华生为代表的行为主义出现了。他们提出，行为是通过外在的不同环境和情境刺激而产生的，人的情绪反应是学习和条件反射的产物。

被试者艾尔伯特是一名9个月大的孤儿，从出生起就一直待在医院里。研究人员和医护人员都认为他在心理和生理上都很健康。实验者给他呈现白鼠、猴子、狗、有头发和没头发的面具以及白色羊绒棉，艾尔伯特对许多动物和物体都感兴趣，愿意接近它们，并不时地触摸它们，从没表现出丝毫的恐惧。

实验开始时，研究者向艾尔伯特同时呈现白鼠和令人恐惧的声音。一开始，艾尔伯特对白鼠很感兴趣并试图触摸它。在他正要伸手时，突然敲响铁棒，突如其来的响声使艾尔伯特十分惊恐，这一过程重复了3次。一周以后，重复同样的过程。在白鼠与声音的配对呈现7次后，不出现声音，单独向艾尔伯特呈现白鼠时，艾尔伯特对白鼠产生了极度恐惧。

一周后，对艾尔伯特的再次测试发现，他仍旧对白鼠产生恐惧。随后给他呈现白兔、狗、白色毛皮大衣、一袋棉花和华生头上的灰白头发，他都感到恐惧，其中包括一个圣诞老人的面具。31天后，再给艾尔伯特呈现当初那些东西，他仍然对这些东西感到恐惧。实验结束后，华生打算给他建立新的条件反射，以消除它对白鼠的恐惧。不过遗憾的是，实验结束后，艾尔伯特就离开了医院，校正试验没有机会实施。

心理讲坛

行为主义心理学为当代科学心理学的主流之一，在心理学各派理论中，号称为“第一势力”，由美国心理学家华生所创立。它在研究方法上重实验、重观察，在研究题材上重视可观察记录的外显行为，强调环境对个体行为的影响，在教育上主张奖励与惩罚兼施。行为学派盛行在美国，影响扩及全世界，20世纪20至50年代，近40年，心理学界几乎为行为学派的天下。

行为主义学派认为，焦虑是从学习中得来的。一种刺激或情境引起焦虑和恐惧体验后，日后类似刺激或情境出现时将再次激起焦虑和恐惧反应，伴随相应的生理、生化改变。“一朝被蛇咬，十年怕井绳”就是一个典型的例子。例如，一个孩子很爱学习，老师也很喜欢他，但有一天来了一个新老师无意中伤害了这个孩子，这个受了惊吓的孩子从此开始惧怕这个老师并影响到功课，随着时间的推移，这种情绪泛化到惧怕所有的老师和影响所有的功课，结果，这个孩子成了一个学校恐惧症患者。

行为主义心理学家班杜拉认为，人不仅通过直接的亲身经历感受到焦虑，也可以通过观察、模仿别人而学会焦虑。比如，一个孩子本来很喜欢跟小狗玩，可有一次他看

到一个小朋友被狗咬伤了手而大哭不止，他从此也学会了怕狗，严重的还会发展成恐狗症。

我们偶尔会有的过度焦虑，是不是学来的？是在什么时候、什么地方、向谁学来的？比如，我们对清洁的过分关心（不洁焦虑），是不是跟我们有洁癖的长辈学来的？再比如，我们与人交往时的过度紧张，是不是跟我们极为内向的父母学来的？还有，我们为什么会对高考那样紧张，是不是从传媒、父母、邻里、老师、社会那里学习到的——人们的鲜花、掌声、笑脸只对考上大学的人展开？！

相关链接

谁是你的“重要他人”

“重要他人”是一个心理学、社会学术语，意指在一个人心理和人格形成的过程中，起过巨大影响甚至是决定性作用的人物。“重要他人”可能是我们的父母长辈，或者是兄弟姐妹，也可能是我们的老师同学，抑或萍水相逢的路人。个体的某些性格和反应模式，由于“重要他人”的影响，而被打上了深深的烙印。

“重要他人”之所以重要，是因为他们在我们的生活、学习、健康、感情、价值观等方面或不同成长阶段起到了重大的影响作用。心理学研究表明：人的一生会受4个“重要他人”的深远影响，他们分别是幼年时期的父母、童年时期的老师、少年时期的同伴以及成年时期的恋人。对大多数人而言，人的一生，会因为这样的4个人而改变。

美国通用电气公司的首席执行官（CEO）杰克·韦尔奇，被誉为全球第一首席执

行官（CEO）。韦尔奇从小就口吃，就是平常所说的“结巴”。在学校的餐厅里，韦尔奇经常会点一份烤面包夹金枪鱼。奇怪的是，女服务员端上来的都是两份。因为韦尔奇结巴，总是把这份食谱的第一个单词重复一遍，服务员就听成了“两份金枪鱼”。

面对这样一个吭吭哧哧的孩子，韦尔奇的母亲居然找出了完美的理由。她对幼小的韦尔奇说：“这是因为你太聪明了，没有任何一个人的舌头，可以跟得上你这样聪明的脑袋。”韦尔奇记住了母亲的这种说法，从未对自己的口吃有过丝毫的忧虑。母亲引导着韦尔奇不断进取，直到他抵达辉煌的顶峰。

不可否认，每个人都有自己的“重要他人”。想一想，谁是你的“重要他人”呢？要想成功，就要和成功的人在一起；要想快乐，就要跟快乐的人在一起；想拥有健康，就要跟健康的人在一起。

心有灵犀一点通

人格乃是我们所有的各种习惯系统的最后产物。

——华生

二、一仆伺三主，焉能不焦虑

心理万象

解差的困惑——我是谁？

古代，有这样一个小故事。

一个和尚犯了罪，被一名解差押解到府城去。

天黑了，两个人决定在一家小店住下来。

因为这位解差比较贪杯，于是被油嘴滑舌的和尚灌醉了。

接着和尚把解差的头剃光，自己趁黑逃走了。

第二天，解差醒来一看，和

尚没有了！

于是到处找和尚，在着急之中，摸到自己的头："和尚竟然在这里！"

随后，他又迷糊了："那我在哪里呢？"

普通人像解差这样"傻"的没有几个，不过，像解差一样，不认识自己的人却很多。苏轼有句诗说，"不识庐山真面目，只缘身在此山中"就是这个道理。因为不了解自己，所以我们只会在自己的小圈子转悠，像那位解差一样，找完和尚，找自己，不知道自己到底要找什么，要去怎么做。

那么，如何知道我是谁呢？弗洛伊德的人格理论或许能给我们一些启示。

心理讲坛

精神分析学派是奥地利心理学家弗洛伊德开创的，主要着重于精神分析和治疗，并由此提出了独特的人格理论。弗洛伊德学说的最大特点，就是强调人的本能的、自然性的一面，开辟了潜意识研究的新领域，它重视人格的研究、重视心理应用。弗洛伊德认为人格有本我、自我和超我三个方面，这三个方面决定着一个人的意识和行为。

（一）本我

人格中原始的非理性的冲动和本能，代表着不肯驯服的激情，弗洛伊德喻之为"一大锅沸腾汹涌的兴奋"。本我没有价值、善恶与道德观，它信奉快乐原则，像一个任性极了的孩子。

从刚刚出生的小宝宝身上，我们可以看到更多的本我（id）表现。他们饿了、渴了、心理和身体不舒服了，就会哭闹，他才不管妈妈现在是不是很忙，爸爸会不会感到为难，只要顺了自己的意愿，满足自己就可以了。

因为人的本我比较"激情"，所以，人们总是刻意压抑本我，防止做出"冲动的错误”。不过，本我并不会因为压抑而消失，它总是想要冲破压抑表现出来。我们总会发现生活中有这样一批人，他们才华横溢但是脾性却让人难以接受。所以，这样的人只要把脾性改一改，前途是无量的。

（二）自我

是人格中理智而又现实的部分，它产生于本我。它既要应付外界的现实，感受并满足本我的需要，同时接受超我（道德良知）的监督。自我按现实原则行事，像一个成熟的中年人。

对于本我来说，“自我（ego）是外部世界的代表”。相对本我的“欲望”来说，自我是理性的象征。比如，现在你（本我）很想出去逛街，但是你知道自己工作还没有完成，所以，你只好加班工作。而这种加班的行为就是受自我控制的。

自我的典范就是人们对恋父和恋母情结的控制。弗洛伊德认为，由于本我的“冲动”，每个人都有恋父和恋母的情结。很小的时候，男孩子就天生喜欢自己的妈妈，女孩子喜欢爸爸，甚至还会因为喜欢对象的另一半而吃醋。但是成长后，因为环境，意识到这种情结是不会被“道德”接受的，于是自我就将恋父和恋母情结控制下来，甚至控制到了本我的层面。

（三）超我

是指人格中的良知部分，它超越生存需要，渴望追求完美。父母、老师以自己的超我为模型教育儿童，使之逐渐形成好、坏、善、恶的观念。超我按道德原则行事，像一个铁面无私的老法官。

像自我一样，超我（superego）也是在我们成长过程中内化形成的。这种超我的意识大多来自我们幼年的经验。爸爸、妈妈和幼儿园的老师就给了我们超我的示例。我们做了一件好事，他们就给予我们表扬，而我们做了一件错事，他们就给予我们批评。渐渐地，这就内化成我们自己的行为规范、道德价值观念。

超我在某种程度上还会压抑本我。如果这个世界上的所有人都按照自己的意愿（本我）行事，可以想想是一片什么场景！很庆幸，因为超我的存在，人类才少了这样的场景。一般来说，生活中那些追求完美、苛求自己和别人的人，他们的超我大多比一般人的超我要强很多。

弗洛伊德在谈到本我、自我、超我以及与现实的关系说：“一仆不能同时服侍二主，可怜的自我，日子不好过，它不仅要服侍三个严厉的主人，还要尽力调和三个主人的要求。”由于此三主（本我、超我、现实）的要求常常发生分歧甚至冲突，以至于夹在中间的自我常常感到苦不堪言、举步维艰。这其中的艰辛，怎能不让自我充满令人不安的焦灼感?!

相关链接

同学们，你想过下面的问题吗？

为什么我在拿到考试成绩，看到没考好后会脱口埋怨老师：“真讨厌，判得这么严？”

为什么我对父母有意见时不表达出来却去摔杯子？

为什么我总是喜欢做各种幻想，而对现实视而不见？

为什么我明明不喜欢甲，见到他时却热情得不正常？

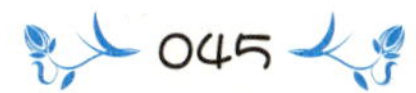

心理学家告诉我们，上述种种现象，都是人们心理防御机制的反映。

很多时候，超我、本我与现实之间，经常会有矛盾和冲突，这时人就会感到痛苦和焦虑。自我在不知不觉之中，以某种方式调和冲突各方的关系，使超我的监察可以接受，同时本我的欲望又可以得到某种形式的满足，从而缓和焦虑，消除痛苦。这就是所谓的“自我防御机制”（Ego-defense mechanism）。常见的防御机制有：

（一）压抑

我们常说：“我真希望没这回事。”“我不要再想它了。”或者在日常生活中，有时我们做梦、不小心说溜了嘴或偶然有失态的行为表现，都是这种压抑的结果。

（二）退行

在某些情况中，本来应该用理智成熟的方法和态度来处理事情，由于某些原因，采用较幼稚的行为反应，并非不可。例如，做父亲的在地上扮马扮牛给孩子骑，做妻子的偶尔向丈夫撒娇等，偶尔退行反而会给生活增添不少情趣与色彩。

（三）幽默

有一天，当大哲学家苏格拉底正在和一位客人谈话时，他夫人忽然跑进来大吵大骂，然后一盆水泼去将其全身都淋湿了。苏格拉底笑着对客人说："我早就知道，打雷之后，一定会下雨的。"——本来难为情的场面，经苏格拉底这么一幽默，就大事化小了。

（四）补偿

例如，一个相貌平庸的女学生，致力于学习上的优秀，而赢得别人的重视。我们常说的"失之东隅，收之桑榆"都是成功的补偿。

（五）升华

司马迁因仗义执言得罪当朝皇帝被判处宫刑，在狱里，他撰写了《史记》。歌德失恋不失志，创作了不朽名著《少年维特之烦恼》。他们，是悲恼中之坚强者，是“忧情”升华的典范。

心理防卫机制的积极意义在于能够使人在遭受困难与挫折后减轻或免除精神压力，恢复心理平衡，甚至激发人的主观能动性，激励人们以顽强的毅力克服困难，战胜挫折，缓解焦虑。

心有灵犀一点通

良心是一种内心的感觉，是对于躁动于我们体内的某种异常愿望的抵制。

——弗洛伊德

三、焦虑是缺乏关爱所致

心理万象

留守的心事

那天早上，天还没有大亮，一阵嘈杂声把小薇从睡梦中惊醒，看见爸爸妈妈正背起行囊匆匆地离开家门，小薇迈着蹒跚的脚步拼命地在后面追着，哭着喊着："爸爸别走，妈妈别走。"

奶奶紧紧地把小薇抱在怀里说："孩子，别哭了，爸爸妈妈去打工，赚很多的钱回来，给你买玩具和书本……"小薇拼命地挣扎着，但终无济于事，车开了，在蜿蜒的马路上渐渐远去，最后消失在远处的茫茫群山之中。

后来，每当夕阳西下，倦鸟归巢时，小薇常常跑到村头的马路边，守候爸爸妈妈归来。日出日落，花开花谢，爸爸妈妈还是没有回来，他们在小薇的脑海中已慢慢地模糊了。小薇渐渐学会了沉默，喜欢独自一个人玩，喜欢独自享受自己的快乐，独自承担自己的痛苦。

"孩子，回家吧！爸爸妈妈可能明天才回来，我们还是回家里等吧！"不知什么时候，奶奶已经站在了小薇的身后。小薇回过头，看到奶奶花白的头上挂满了晶莹的雨珠，美丽极了，可是岁月已在她那慈祥的面容上刻下了无数条深深的皱纹，生活的重担把她瘦小的身躯压弯了。

小薇跟在奶奶的身后，在风雨中艰苦前行，在泥泞的路上留下了一大一小、一深一浅的两道脚印。

长期的单亲监护或隔代监护，甚至是他人监护、无人监护，使留守儿童无法像其他孩子那样得到父母的关爱，这种亲情的缺失使孩子变得孤僻、抑郁、焦虑、自卑，甚至有一种被遗弃的感觉，严重地影响到了孩子的健康成长。

心理讲坛

人本主义心理学是除精神分析与行为主义之外的第三势力，它兴起于20世纪50年代，在理论取向上，一方面反对以病患研究为基础的精神分析，另一方面反对以动物及幼儿简单行为研究为基础的行为主义。人本主义心理学家主张以正常人为研究对象，研究人的经验、价值、需要、情感、生命意义等重要问题；心理学研究的目的在于帮助个人健康发展、自我实现以至造福社会。其代表人物是马斯洛和罗杰斯。

马斯洛

罗杰斯提出，一个人在其成长中，如果能从父母那里得到无条件的、积极的关注与指导，他就能产生自我和谐的积极的“自我关注”，在日后的生活中，他就能较为健康地发展。而那些自幼得不到积极关注或只得到“有条件”积极关注的孩子，渐渐就会产生自我不和谐感，即对自己产生怀疑，并用别人的价值观来评判自我，会变得自卑、胆怯。如果在日后的生活中仍然不顺利并遇到什么事件，就会使他的自我不和谐感加剧，使他感到威胁、焦虑、混乱和不适应，严重的就会发展为过度的或病态的焦虑。

马斯洛从人的需要及其满足的角度谈病态焦虑等心理疾病的成因。马斯洛假设，人的需要是人的本性，它们按照不同层次排列成一个等级，在这个等级层次中，强度与等级恰成反比：层次越低，强度越大；层次越高，强度越弱。一般说来，人是递次满足自己的需要的。人的需要从低到高分为以下几种。

1. 生理需要：指人对食物、水、空气、睡眠和性的需要等。它们的满足对于生存来说是必不可少的，因此，它们是所有需要中最强有力的。

2. 安全需要：指人对秩序、常规、安全、稳定以及确定性的需要。

3. 归属与爱的需要：即归属于某个群体以及爱与被爱的需要。

4. 尊重的需要：包括别人对自己的尊重和自己对自己的尊重的需要。

5. 自我实现的需要：是一种实现自身潜在能力的内在动力。

马斯洛把人的前4种需要总称作缺失性需要，而自我实现的需要则是成长需要或者说存在需要。马斯洛认为，人的缺失性需要如果得不到满足，就有可能使人产生焦虑(这是正常的)，但如果一个人的需要长期得不到满足，那么其正常焦虑就有可能过度并进而转化为病态焦虑。如果成长需要受挫，则会使人处于无形的不适状态，无聊、消沉、绝望、坐立不安、烦躁，焦虑是其最典型的症状。

相关链接

马斯洛《动机与人格》经典摘录

一个人除非在生命的每一时刻都敢于倾听自己，倾听他自己的自我，否则他不可能明智地选择生活。

人是一种不断需求的动物，除短暂的时间外，极少达到完全满足的状态。一个欲望满足之后，另一个迅速出现并取代它的位置，当这个被满足了，又会有一个站到突出位置上来。人总是在希望着什么，这是贯穿他整个一生的特点。

当人的机体被某种需要主宰时，还会显示出另一个奇异的特性：人关于未来的人生观也有变化的趋势。对于一个长期饥饿的人来说，乌托邦就是一个食物充足的地方。他往往会这样想，假如确保他余生的食物来源，他就会感到绝对幸福并且不再有其他奢望。

任何需要的满足，只要是真正的满足，也就是对基本需要而不是对神经症需要或虚假需要的满足，都有助于性格的形成。不仅如此，任何真正的需要的满足都有助于个性的改进、巩固和健康发展。

较新的动力心理学中的关键概念是自发、释放、自然、自我选择、自我认可、冲动意识、基本需要的满足。而过去的关键概念一直是控制、抑制、纪律、训练、塑造，因为其根据是，人类的深层本质是危险的、罪恶的、贪婪的、掠夺性的，教育、家庭训练、养育孩子、一般的文化适应，都被看作是控制我们内在的黑暗力量的方法。

心有灵犀一点通

心若改变，你的态度跟着改变；态度改变，你的习惯跟着改变；习惯改变，你的性格跟着改变；性格改变，你的人生跟着改变。

——马斯洛

四、焦虑是由非理性观念引起的

心理万象

十人过桥

教授说：你们十个人听我的指挥，走过这个曲曲弯弯的小桥，千万别掉下去，不过掉下去也没关系，底下水很浅。（顺利过桥。）

走过去后，教授打开了一盏黄灯，透过黄灯，九个人看到，桥底下不仅仅水很浅，而且还有几条在蠕动的鳄鱼。（吓了一跳。）

教授问：现在你们谁敢走回来？（没人敢走了。）

教授说：你们要用心理暗示，想象自己走在坚固的铁桥上。（只有三个人愿意尝试：第一个人颤颤巍巍，走的时间多花了一倍；第二个人哆哆嗦嗦，走了一半再也坚持不住了，吓得趴在桥上；第三个人才走了三步就吓趴下了。）

教授这时打开了所有的灯，大家这才发现，在桥和鳄鱼之间还有一层网，网是黄色

的，刚才在黄灯下看不清楚。大家现在不怕了，说要知道有网我们早就过去了，几个人哗啦哗啦都走过来了。

只有一个人不敢走。

教授问：你怎么回事？

那人说：我担心网不结实。

那个人是被什么吓到了？是实际的危险，还是他自己夸大的危险？

是他自己夸大的危险！

同样的十人，为什么前后表现迥异呢？

心理讲坛

古希腊哲学家伊壁鸠鲁有一句名言："不是事情本身使你不快乐，是你对事情的看法使你不快乐。"认知心理学对于焦虑的看法可谓与之如出一辙，该流派认为人们对事件的认知评价是焦虑发生的中介，同身体或心理社会危险有关的认知评价能自动地激活人的"焦虑程序"。

美国心理学家艾里斯认为，激发事件 A(Activating event) 只是引发焦虑和行为后果 C(Consequence) 的间接原因，而引起 C 的直接原因则是个体对激发事件 A 的认知和评价而产生的非理性信念 B(Belief)，这就是著名的 ABC 理论。

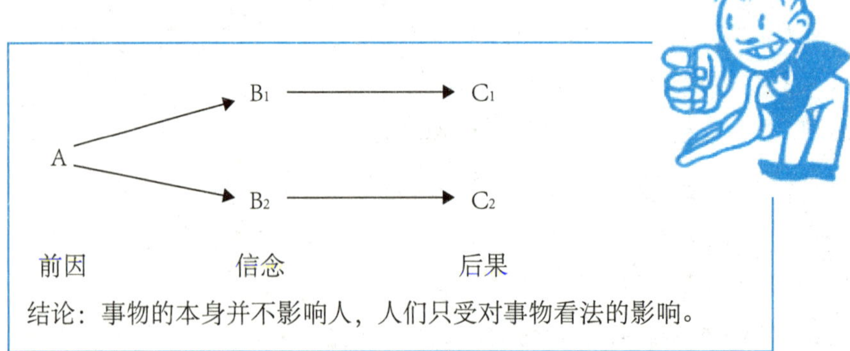

结论：事物的本身并不影响人，人们只受对事物看法的影响。

如图，A(Activating event) 指事情的前因，C(Consequence) 指事情的后果，有前因必有后果，但是有同样的前因 A，却产生了不一样的后果 C_1 和 C_2。这是因为从前因到结果之间，一定会通过一座桥梁 B(Belief)，这座桥梁就是信念和我们对情境的评价、解释。同一情境之下(A)，因为不同的人的理念以及评价与解释不同(B_1 和 B_2)，所以会得到不同结果(C_1 和 C_2)。

同样是一次期末考试，两个人都没过。一个人无所谓，而另一个人却伤心欲绝。为什么？就是对诱发事件的看法、解释的 B 在作怪。一个人可能认为：这次考试只是一次学习情况的检测，考不过也没关系，今后再努力。另一个人可能想：我精心准备了那么长时间，竟然没过，是不是我太笨了？我还有什么用啊？人家会看不起我……不同的 B 带来的 C 大相径庭。

因此，在日常生活和工作中，当遭遇各种失败和挫折，要想避免焦虑，就应多检查一下自己的大脑，看是否存在一些“绝对化要求”“过分概括化”和“糟糕至极”等不合理想法。如有，要做的就是与头脑中的非理性想法进行辩论(英文是 Dispute，简称 D)、批判、质疑和摈弃，以合理的思维取代不合理的思维，B 一改变，就会取得一个好的效果 E，即 Effect(简称 E)。这个 A-B-C-D-E 就是一个完整的通过认识驱除焦虑的过程。

相关链接

艾里斯提出了10种不合理的信念，认为这些不合理的信念常存在于有情绪困扰或适应不良者身上，具体如下：

1. 人应该得到生活中所有对自己是重要的人的喜爱和赞许。
2. 有价值的人应该各方面都比别人强。
3. 任何事物都应按自己的意愿发展，否则会很糟糕。
4. 一个人应该担心随时可能发生的灾祸。
5. 情绪由外界控制，自己无能为力。
6. 过去的历史是现在的主宰，过去的影响是无法消除的。
7. 任何问题都应该有一个正确、完满的答案，无法找到正确答案是不能容忍的事。
8. 对有错误的人应该给予严厉的责备和惩罚。
9. 逃避困难、挑战与责任要比正视它们容易得多。
10. 要有一个比自己强的人做后盾才行。

非理性信念往往具有以下三个特征。

（一）绝对化的要求

有的人常常将“希望”“想要”等绝对化为“必须”“应该”或“一定要”等。例如，“我必须成功”“别人必须对我好”等等。这种绝对化的要求之所以不合理，是因为客观事物都有其自身的发展规律，不可能以个人的意志为转移。因此，当某些事物的发展与其对事物的绝对化要求相悖时，他就会感到难以接受和适应，从而极易陷入焦虑之中。

（二）过分概括化

这是一种以偏概全的不合理思维方式的表现，它常常把“有时”“某些”过分概括化为“总是”“所有”等。它具体体现在人们对自己或他人的不合理评价上，典型特征是以某一件或某几件事来评价自身或他人的整体价值。例如，有些人遭受一些失败后，就会认为自己一无是处、毫无价值，或一味地指责别人，产生怨愤、敌意等消极情绪。

（三）糟糕至极

这种观念认为，如果一件不好的事情发生，那将是非常可怕和糟糕的。例如：“我没考上大学，一切都完了。”“我没被选为班干部，让家长失望了。”如果一个人坚持这种“糟糕”观时，那么当他遇到他所谓的“糟糕”的事时，他就会陷入焦虑痛苦之中，甚至一蹶不振。

心有灵犀一点通

照耀人的唯一的灯是理性，引导生命于迷途的唯一手杖是良心。

——海涅

五、焦虑往往是多因素综合作用的产物

心理万象

"着急"

著名相声演员姜昆(以下简称"姜")和唐杰忠(以下简称"唐")在1991年春节联欢晚会上表演过一个脍炙人口的相声作品《着急》,描写了一个邻居的日常生活,非常搞笑,非常幽默。以下是部分精彩片段:

(1)"老急"是谁?

姜:我们街坊姓纪,因为好着急,大家都叫他"老急"。

唐:他跟谁着急呀?

姜：跟谁都急，一天到晚没有不着急的时候，从睁开眼开始。

唐：那……早晨起来跟谁着急呢？

姜：我跟您学学！从被窝钻出来以后，坐在床边儿，跟闹钟着急。

唐：嗬。

姜：俩眼盯着闹钟，您瞧见没有，我昨天新买的闹钟，定好的七点，七点过三分了，一点动静没有。

唐：嘿。

姜：您说是我叫它呀，还是它叫我呀？

唐：它这闹钟啊，早几分钟、晚几分钟那也是保不齐的。

（2）上班路上

唐：哎呀，等你出门上了路也就不着急啦。

姜：上路我跟汽车着急。

唐：你跟汽车着什么急呀？

姜：汽车跟那自行车抢道，你就咽不下这口气。

唐：那你不会躲着点儿走啊？

姜：我躲他，谁躲我呀？看他们那么快，我就有气，着什么急呀你们？"噌"就出去啦。我这儿倒好几圈儿才这么一咕截儿！气得我跟他喊："你着什么急呀？"

唐：你着什么急呀？

姜：废话，我上班去。

（3）下班买菜

姜：到那自由市场我跟那小商小贩还得着急！

唐：你跟他们着什么急呀？

姜：他跟你讨价还价，为了五分钱，瞧见就说："嘿，师傅，师傅，您就别这样了，要省您从大处省，省个十顷带八顷；要算您从大头算，算个十万带八万；要算您别跟我算，我穷得都快要了饭；成天在这儿卖葱蒜，一身泥来一身汗；刮风下雨也得干，要不然就甭吃饭；少给五分我不干，您看合算不合算。五分钱！"你说他贫不贫？就冲他这

贫劲儿，我耗俩钟头，我就不给他这五分钱，我跟你说。

(4) 晚上休息

唐：我看你还是回家休息休息，看看电视。

姜：你别提看电视。

唐：嗯？

姜：一提看电视我就着急。

唐：看电视着什么急呀？

姜：现在那个电视连续剧，一放放八十集，它不一块儿放，一天一集地抻着你。打头一集就开始搞对象，搞四十多集还搞不上，有这功夫我自个儿搞去行不行啊？这个！

唐：要不你看看球赛。

姜：这个球赛，中国队干踢不进球，你不着急呀？

……

随着社会的发展，生活节奏的加快，竞争压力的增加，现实生活中的人们像“老急”一样，总会遇到这样那样的问题，焦虑情绪在所难免。

心理讲坛

前面介绍了各种流派有关焦虑成因的观点，但事实上，单一因素很少会导致过度或病态焦虑，除此之外，还有几个不容忽视的因素，那就是有可能诱发焦虑的导火索：应激、个体易感性与社会支持的缺乏。

应激的英文原文是 stress，国内学者有的将其译作“压力”，有的则译作“紧张”。应激，是指一个人在现实生活中遇到使他感觉有威胁性的刺激时所采取的一系列行为反应。应激包括两个要点：个人感知到的刺激性事件以及对此而采取的行动。天灾是人人都能感知到的具有威胁性的刺激事件，但高考却不是。仅有应激也不一定会导致过度或病态焦虑。因为即使面临同样的威胁，但由于个人的经历、经验与个性不同，其反应方式与行为结果也不同。这就是为什么同是高考失误，有的人从此一蹶不振，被焦虑所缠绕，有的人却能很快振作起来，开始新一轮奋斗的原因所在。但是，还有一种情况。同样的事件（如中考前久病不愈）被张三感知为是大难临头，而李四却只当是运气不好而已，那么，此时起作用的就是“个体易感性”。

所谓个体易感性，是指由遗传带来的一种容易引发担忧、害怕和焦虑的个人素质上的敏感倾向。有时候，正是因为这种个体易感性的差异，导致了人们在同样的刺激性事件面前的不同应激反应。具有个体易感性的人，往往会夸大事件的威胁性，低估人的应付能力，并因此陷入无法自拔的焦虑之中。

此外，缺乏“社会支持”也往往会成为诱发过度焦虑或病态焦虑的导火索。社会支持是指一个人在困难时能从他人那里感受到的鼓励、安慰与帮助。一个人的社会资源丰富，遇到问题时获得的社会支持就多，反之亦然。中国老话中所说的“一个好汉三个帮，一个篱笆三根桩”或“红花还要绿叶扶”，其实谈的就是“社会支持”这个道理。

综上所述，导致焦虑产生的原因很多，内在的、外在的、长期的、突发的、认知的、行为的、物质的（需要）、精神的（需要）……但没有一个因素是单独发生作用的。了解焦虑产生的诸多原因，可以使我们更好地缓解和预防焦虑。

相关链接

焦虑的妈妈是恐惧

恐惧老是教育她的孩子说：“你不够帅气，没人会喜欢你；如果你学习不好，大家都会鄙视你；你天生不是搞这个名堂的料；你就是一个辛苦的命……”

最近的焦虑，好像什么都不顺心，做什么都做不好，和最好的朋友也吵了一架。妈妈可没有讲过这种烦躁是怎么来的。焦虑想，如果自己生在一个富豪之家就好了，要什么得什么，就不会有这么多不顺心的事情。

焦虑常常觉得，如果自己再帅气一点，一定能当个明星；要不再高一点也行，去当个模特；如果有什么艺术天赋，也可以当个艺术家。可是焦虑很烦恼的是好像什么艺

术天分都跟他绝缘似的，从来没见他有过。上天真是不公平，焦虑暗暗想：“人家什么都好，我就什么都不好。”写文章算不错了，不过焦虑还是没信心，他觉得自己的文章只是模仿借鉴，上不了大雅之堂，也注定当不了一个大作家。

其实最近焦虑本来可以高兴一下的，他做了个生意，开始形势似乎大好，幸运女神的垂青眷顾让他有一种幸福来敲门的感觉。可是后来不知怎么的就血本无归了，焦虑想起这个就是气，全怪“骄傲”“面子”和“自以为是”那三个朋友。“如果不是他们使阴招，我一定能成为世界首富。”焦虑还在这么想着。

不过事情已经发生了，问题已经很严重了。现在焦虑背了一身的债，想去休闲又怕被人笑，还没钱，每天起床都觉得是种折磨。焦虑想，自己还真不是做生意的料，一辈子都发不了财。就像恐惧妈妈说的那样，一栽跟头，什么都不好了，还要被欺负，连要水电费的都那么厉害。

心情不好，还做得好什么事吗？再说现在年纪大了，已不比当初那个毛头小伙了。唉，要是再年轻几岁就好了……他想起以前人家讲的那些励志的故事，嘿，编的吧！世事哪有这么好？都让人烦恼呢！就像妈妈说的，“福不双至，祸不单行”。

心有灵犀一点通

宠辱不惊，闲看庭前花开花落；去留无意，漫观天外云卷云舒！

——洪应明《菜根谭》

第三章　焦虑相伴：换个视角

同学们，你们知道著名的“半杯水原则”吗？

乐观的人看到半杯水，会说：“太好了，还有半杯！”悲观的人看到，会说：“哎，只有半杯了。”

你的想法是一副眼镜，它决定了你所看到的世界的样子。

焦虑是一把“双刃剑”，它有负效应，也有正能量；有趣的双关图告诉我们，不同的聚焦有不同的结果；玄幻的太极图启迪我们，看问题应该变片面为全面，变绝对为相对，变静止为发展；自我暗示的力量很大，消极的自我暗示可以吓死犯人，积极的自我暗示可以让你降低焦虑水平。不经历风雨，怎么见彩虹？面对挫折，我们要正确认识、积极应对、增强承受力。

焦虑相伴，换个视角！

一、焦虑也有正能量

心理万象

温水煮蛙

把一只青蛙扔进开水里，它因感受到巨大的痛苦便会用力一蹬，跃出水面，从而获得生存的机会。当把一只青蛙放在一盆温水里并逐渐加热时，由于青蛙已慢慢适应了那惬意的水温，所以当温度已升高到一定程度时，青蛙便再也没有力量跃出水面，结果在舒适之中被烫死了。

鲶鱼效应

挪威人喜欢吃沙丁鱼，尤其是活鱼。市场上活鱼的价格要比死鱼高许多，所以渔民总是千方百计地想办法让沙丁鱼活着回到渔港。

可是虽然经过种种努力，绝大部分沙丁鱼还是在中途因窒息而死亡，但却有一条渔船总能让大部分沙丁鱼活着回到渔港。船长严格保守着秘密，直到船长去世，谜底才揭开。

原来是船长在装满沙丁鱼的鱼槽里放进了一条以鱼为主要食物的鲶鱼。鲶鱼进入鱼槽后，由于环境陌生，便四处游动。沙丁鱼见了鲶鱼十分紧张，左冲右突，四处躲避，加速游动。这样，沙丁鱼缺氧的问题就迎刃而解了，沙丁鱼也就不会死了。这样一来，一条条沙丁鱼欢蹦乱跳地回到了渔港。

有时候，我们会满足于现状，不思进取；有时候，我们会自暴自弃，甚至破罐子破摔。所以，适时鞭策自己，不断地鼓励自己，我们就会像那些被鲶鱼所追逐的沙丁鱼一样欢蹦乱跳，永远保持青春的活力，最终能够将心中的梦想变成现实。

心理讲坛

以往人们谈到焦虑时，总把它当作贬义词，这是不恰当的。

试想，在危险面前我们若没有焦虑甚至恐惧（焦虑的最高级），我们怎么可能有逃生的反应与保存自己的希望？考试时一点焦虑都没有，又怎么可能调动积极的心理能量去做题？

焦虑的第一重意义就在于它的预警作用，使个体得以及时调动一切力量，以便迅速而又有效地应付环境中的突变。当焦虑产生时，人的自主神经系统被激活，心血管系统活动加强，肾上腺的分泌增加，表现为心跳加速、感觉发冷或发热、呼吸急促，同时伴有紧张、担心、害怕等体验。由于这类身心体验让人很不愉快，因而会在瞬间调动

起人们摆脱焦虑的强烈动机，并充分调动人的潜能，使人的注意力更集中、反应更敏捷、思维更灵活，去有效应付面临的困境。

焦虑对于我们的第二重意义是：它能使人学会约束自己，做符合社会准则的守法公民，从而为人为己创造一种适合生存的、较为安全的社会大环境。想象一下，如果一个人打算做伤害他人的事时而毫无内疚与不安，或者做了违法乱纪的事情而从未自责、害怕过，那么这个世界会是什么样子？此外，也正是由于焦虑的作用，使我们可以避免犯同一类错误，从而为人的发展与成长提供先决条件。

即使是病态焦虑，也有其有益的一面，它提示患者正经历着剧烈的内心冲突，正处于精神危机之中。然而，危机又是转折点，只要患者能找到建设性的自助方法，就能变危险为机遇——一个认识自己、发现自己、提升自己的重要机遇，因此，经历过病态焦虑而又康复的人总有凤凰涅槃般的美丽。

焦虑是一把“双刃剑”，它可能保护我们，也可能伤害我们；它可以使人成功，也可以让人失败。如果我们对它的正能量有了充分而全面的了解，就能以建设性的方式引导它，与之同行，与之共舞。

焦虑自评量表(SAS)

指导语：下面有二十条文字，请仔细阅读每一条，把意思弄明白，然后根据你近一周的实际情况在适当的字母后画“√”。

字母含义：A 表示没有或很少有时间；B 表示小部分时间；C 表示相当多时间；D 表示绝大部分或全部时间。

1. 我觉得比平时容易紧张或着急	A	B	C	D
2. 我无缘无故感到害怕	A	B	C	D
3. 我容易心里烦乱或感到惊恐	A	B	C	D
4. 我觉得我可能将要发疯	A	B	C	D
5. 我觉得一切都很好	A	B	C	D
6. 我手脚发抖打战	A	B	C	D
7. 我因为头疼、颈痛或背痛而苦恼	A	B	C	D
8. 我觉得容易衰弱或疲乏	A	B	C	D
9. 我觉得心平气和，并且容易安静坐着	A	B	C	D
10. 我觉得心跳得很快	A	B	C	D
11. 我因为一阵阵头晕而苦恼	A	B	C	D
12. 我有晕倒发作史，或觉得要晕倒似的	A	B	C	D
13. 我吸气呼气都感到很容易	A	B	C	D
14. 我的手脚麻木和刺痛	A	B	C	D
15. 我因为胃痛和消化不良而苦恼	A	B	C	D
16. 我常常要小便	A	B	C	D
17. 我的手脚常常是干燥温暖的	A	B	C	D
18. 我脸红发热	A	B	C	D
19. 我容易入睡并且一夜睡得很好	A	B	C	D

20. 我做噩梦　　A　　B　　C　　D

题号	1	2	3	4	5	6	7	8	9	10	11	12	13	14	15	16	17	18	19	20	合计
A																					
B																					
C																					
D																					

计分：

正向计分题 A、B、C、D 按 1,2,3,4 分计，反向计分题按 4,3,2,1 计分。

反向计分题号:5,9,13,17,19。

评定采用 1-4 制记分，评定时间为过去一周内。统计方法是把各题的得分相加为粗分，粗分乘以 1.25，四舍五入取整数即得到标准分。分值越小越好，临界值为 50 分，分值越高，焦虑倾向越明显。其中 50~59 分为轻度焦虑，60~69 分为中度焦虑，70 分以上为重度焦虑。

心有灵犀一点通

谁学会了使自己正确恰当地焦虑，谁就学会了至高无上的本领。

——克尔凯戈尔

二、不同的聚焦有不同的结果

心理万象

秀才赶考

有位秀才第三次进京赶考，住在一个经常住的客栈里。考试前两天他做了两个梦，第一个梦是梦到自己在墙上种白菜，第二个梦是下雨天，他戴了斗笠还打伞。

这两个梦似乎有些深意，秀才第二天就赶紧去找算命的解梦。算命的一听，连拍大腿说："你还是回家吧。你想想，高墙上种菜不是白费劲吗？戴斗笠打雨伞不是多此一举吗？"秀才一听，心灰意冷，回店收拾包袱准备回家。

店老板非常奇怪，问："不是明天考试吗，今天你怎么就回乡了？"秀才如此这般说了一番，店老板乐了："哟，我也会解梦的。我倒觉得，你这次一定要留下来。你想想，

墙上种菜不是高中吗？戴斗笠打伞不是说明你这次有备无患吗？”

秀才一听，更有道理，于是精神振奋地参加考试，居然中了个探花。

不同的聚焦有不同的结果。

你的想法是一副眼镜，它决定了你所看到的世界的样子。

焦虑与否，取决于你！

心理讲坛

在各种声音嘈杂的鸡尾酒会上，有音乐声、谈话声、脚步声、酒杯餐具的碰撞声等，当某人的注意力集中于欣赏音乐或别人的谈话，对周围的嘈杂声音充耳不闻时，若在另一处有人提到他的名字，他会立即有所反应，或者朝说话人望去，或者注意说话人下面说的话等。

这就是说，我们并不是对同时作用于感觉器官的所有刺激都进行反应，而是选择一个或几个对象加以注意，其余事物则作为知觉的背景。如上课时，教师叫学生看黑板，黑板上的字为知觉对象，而黑板上方的横幅、周围的奖状和挂图等则成为背景。在知觉过程中，对象与背景不是固定不变的，而是可以相互转化的。请看下面这些有趣的双关图。

（一）隐藏着人脸的图

右面的图像中隐含多张人像，请仔细观察并指出他们的位置。

【图解】图中大脑袋是一个老人，耳朵处少妇是一个，怀里的孩子是一个，由鼻子、下巴、眼睛构成了两个人(一个老妇人和一个老头)，在两柱子及侧面分别有一个模糊的人影。

（二）隐藏着人的花朵

右面的图中隐藏有许多欢呼雀跃的人，请仔细观察并指出他们的位置。

【图解】看到了吗，人在哪里？这些人是由不同的花瓣构成的。

（三）你看到的是带有白线条的圆还是立方体

【图解】如果你盯着立方体，你可能会发现，它的位置在不断翻转，中间的小x在不断地前后跳动。注视一段时间后，你可能会看到立方体漂浮在纸上，圆圈在它的下面；也可能是在立方体漂浮的地方，圆圈变成了圆洞，就好像是漂浮在纸后面。

看图是如此，人生亦是如此。同样是夕阳，李商隐叹“夕阳无限好，只是近黄昏”；朱自清言“但得夕阳无限好，何须惆怅近黄昏”。同样的生活，同样的经历，在有的人眼里，它是积极的、光明的、充满灿烂前景的；而在另一些人眼里，它却是消极的、暗淡的、无路可走的。其实，我们每个人都可以拥有阳光心态，只要我们愿意转换我们的视角。

飞雁和游鱼

花瓶和人脸

蝴蝶和苹果

你不能左右天气,但你可以转变心情;

你不能改变容貌,但你可以展现笑容;

你不能操纵别人,但你可以把握自己;

你不能预知明天,但你可以善用今天;

你不能样样胜利,但你可以事事努力;

你不能控制生命的长度,但你可以拓展它的宽度……

——泰莉·贝芙,夏绿蒂·沃得《态度决定成败》

心灵氧吧

眼界决定境界

有一位非洲酋长去英伦三岛观光,回来后别人问那里的情形怎样,酋长想了想,回答:“那里的人都说英语,连小孩子也在说。”酋长说得没错,但他所注意的只是这些,其他的或许被忽略了。

这就是眼界。正像鹰即使高翔万里,看到的也只是地上的兔子;而圣甲虫眼里只有草原上的粪球。站得高,看得远,是民间对豪杰人物的赞誉。事实上,豪杰即使逼仄于别人屋檐之下,心胸照样怀抱天下。刘备种菜的时候,不是被曹丞相窥破英雄真相吗?

如果没有放眼宇宙的眼界,“宇宙之父”霍金怎会有坐在轮椅上探究到黑洞奥秘之境界?他最欣赏《哈姆雷特》中的一句台词:“我可以关在核桃壳里,而还把自己当作无限空间之王。”他以这句台词作为自己著作的书名,出版了《果壳中的宇宙》一书。这正体现了霍金教授无限深远、无限宽广的时空大境界。

有一次,斯诺问毛泽东:“如果您卸去领袖重任,最想去做哪些事情?”毛泽东不假思索地回答:“骑马沿黄河流域考察。”毛泽东为祖国兴衰而奔走,但内心深处仍有诗人情愫,蹈袭李白步履,观黄龙东去,谋划天下利害,其眼界广阔、深远,又不乏潇洒。

没有开阔的眼界,就很难拥有崇高的境界。“夜郎自大”也是因为崇山峻岭阻碍了

夜郎国君的视线，不知丛山之外汉之辽阔。视野所及，心之所思，行之所至，体现出的是眼界与境界的统一。

目光抬高一寸，可以多看100千米。打开了眼界，自然打开了心胸，胸怀越大，天下越大，道路自会越宽广。

心有灵犀一点通

数以万计的外界事物呈现于我的感觉器官，但它们从未进入我的经验，为什么？因为我对它们没有兴趣，我的经验是我愿意注意的东西，只有那些我注意到的东西才会出现在我的大脑中。

——詹姆士

三、塞翁失马，焉知非福

心理万象

塞翁失马

战国时期有一位老人，名叫塞翁。

他养了许多马，一天马群中忽然有一匹走失了。邻居们听到这事，都来安慰他不必太着急，年龄大了，多注意身体。塞翁见有人劝慰，笑笑说："丢了一匹马损失不大，没准还会带来福气。"

邻居听了塞翁的话，心里觉得好笑。马丢了，明明是件坏事，他却认为也许是好事，显然是自我安慰而已。可是没过几天，那匹丢失的马不仅自动回家了，还带回一匹骏马。

邻居听说马自己回来了，非常佩服塞翁的预见，向塞翁道贺说："还是您老有远见，马不仅没有丢，还带回一匹好马，真是福气呀。"塞翁听了邻人的祝贺，反倒一点高兴的样子都没有，忧虑地说："白白得了一匹好马，不一定是什么福气，也许会惹出什么麻烦来。"邻居们以为他故作姿态，心里明明高兴，有意不说出来。

塞翁有个独生子，非常喜欢骑马。他发现带回来的那匹马身长蹄大、嘶鸣嘹亮、剽悍神骏，一看就知道是匹好马。他每天都骑马出游，心中得意扬扬。一天，他高兴得有些过火，打马飞奔，一个趔趄，从马背上跌下来，摔断了腿。邻居听说，纷纷来慰问。

塞翁说："没什么，腿摔断了却保住性命，或许是福气呢。"邻居们觉得不解，摔断腿会带来什么福气?

不久,匈奴大举入侵,青年人被应征入伍,塞翁的儿子因为摔断了腿,不能去当兵。后来,入伍的青年都战死了,唯有塞翁的儿子保全了性命。

心理讲坛

中国古代的太极图看起来很简单，内涵却博大精深、包罗万象。太极图中的两条阴阳鱼一个黑一个白，提示我们看事物不要片面，既要看到黑，也要看到白，反过来也一样。万事万物皆有阴阳，不能只看一面，要多方位、多角度、多层次地看，这是太极图给我们的第一点启发。

阴阳鱼白里有黑，黑里有白，提示我们没有绝对的东西。阴里有阳，阳里有阴；好中有坏，坏中有好；利中有弊，弊中有利；真理中有谬误，谬误中有真理。没有绝对准确和公平，因此要提倡相对论，看问题不要绝对化，这是太极图给我们的第二点启发。

太极图给我们的第三点启发是，两条鱼是游动的，提示我们任何事物都在运动之中，都在发展变化。阴可以变成阳，阳可以变成阴，二者相辅相成，相生相克，可以互相转化，不会黑永远是黑，白永远是白，没有静止不变的事物，必须用发展的眼光看问题。

以上三点概括起来就是：看问题应该变片面为全面，变绝对为相对，变静止为发展。那么，我们如何运用全面论、相对论、发展论的辩证法解决日常生活中的焦虑问题呢？这里有三招。

（一）全面论——这方面不好那方面好

这个人有毛病，但是也有优点啊！孩子学习不好，身体挺好啊！所以无论是看人、看事、看己，你换一个角度，从不同的侧面去看，一定能发现好的东西，积极的东西，这样你就想开了。下面再举几个例子：我很丑，但是我很温柔；我个矮，但是我很灵活；我嘴笨，但是我手很巧；我人穷，但是我志不短；我个人能力不强，但人品好……

（二）相对论——不好中有好

比如一个人胆子小，表面上是个缺点，但同时也是一个优点——谨慎！不大容易犯错误，不敢胡来！如果是小孩子，他不会冒失，不会水火都不怕，因此容易保持安全不出事。一个缺点可能也是一个优点。所以你碰到焦虑的事，要看它有没有好的一面，把好的一面找出来，你就不那么痛苦了。

（三）发展论——现在不好将来好

万事万物都在运动中，都在发展变化中。静止是相对的，变化是绝对的。当我们倒霉的时候，你就想想这个发展论，想想"否极泰来""时来运转""黎明前的黑暗""没有永久的敌人"这些话，或许会"车到山前必有路，柳暗花明又一村"，积小胜为大胜，由量变到质变。

心灵氧吧

感恩

有一次，美国总统罗斯福的家失盗，被偷走了很多东西，他的朋友写信安慰他。他给他的朋友回信说："亲爱的朋友，谢谢你来信安慰我，我现在很平静，并且非常感恩。因为第一，贼偷去的是我的东西，而没有伤害我的性命；第二，贼只偷走了我部分东西，而并非全部；第三，最值得庆幸的是，做贼的是他，而不是我。"

对任何一个人来说，失盗都是不幸的，而罗斯福却找出了感恩的三条理由，这个故

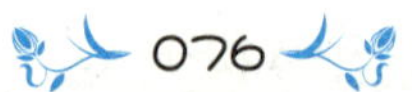

事启发了我，让我思考，应该如何的感恩生活。

有一首《我感恩》的诗，一直流行于欧洲的感恩节——

有每夜和我抢棉被的伴侣，那表示他不是和别人在一起。

有只会看电视而不会洗碗的青少年，那表示他乖乖地在家而非流浪在外。

我缴税，表示我有工作。

衣服越来越紧，表示我吃得很好。

有阴影陪伴我劳动，那表示我在明亮的阳光下。

有待修整的草地、待清理的窗户和待修理的排水沟，那表示我有个家。

能找到最远的停车位，那表示我还能走路，且还有幸能有辆车。

有巨额的电费账单，那表示有冷气吹得爽。

教堂礼拜时我身后有五音不全的女士，那表示我还听得到。

有一堆衣服要洗烫，那表示我有衣服穿。

一天结束时感到疲劳和肌肉酸痛，那表示我有拼命工作的能力。

一大早被闹钟叫醒，那表示我还活着。

最后，感恩过量的电子邮件，那表示我有许多朋友会想到我。

当你觉得人生很糟，就再看一遍吧！

心有灵犀一点通

如果你手上扎了一根刺，那你应该高兴才对，幸亏没扎在眼里。

——契诃夫

四、积极的自我暗示

心理万象

杯弓蛇影

从前有个做官的人叫乐广。

他有位好朋友，一有空就要到他家里来聊天。有一段时间，他的朋友一直没有露面。乐广十分惦念，就登门拜望。只见朋友半坐半躺地倚在床上，脸色蜡黄。乐广这才知道朋友生了重病，就问他的病是怎么得的。朋友支支吾吾不肯说，经过再三追问，朋友才说。

“那天在您家喝酒，看见酒杯里有一条青皮红花的小蛇在游动。当时恶心极了，想不喝吧，您又再三劝饮，出于礼貌，不好拒绝您的好意，只好十分不情愿地饮下了酒。从此以后，心里就总是觉得肚子里有条小蛇在乱窜，想要呕吐，什么东西也吃不下去。到现在病了快半个月了。”

乐广心生疑惑，酒杯里怎么会有小蛇呢？但他的朋友又分明看见了，这是怎么回事呢？回到家中，他在殿内踱步，分析原因。

他看见墙上挂着一张青漆红纹的雕弓，灵机一动：是不是这张雕弓在捣鬼？于是，他斟了一杯酒，放在桌子上，移动了几个位置，终于看见那张雕弓的影子清晰地投映在酒杯中，随着酒液的晃动，真像一条青皮红花的小蛇在游动。

为了解除朋友的疑惑，乐广马上用轿子把朋友接到家中。请他仍旧坐在上次的位置上，仍旧用上次的酒杯为他斟了满满一杯酒，问道："您再看看酒杯中有什么东西？"那个朋友低头一看，立刻惊叫起来："蛇！蛇！又是一条青皮红花的小蛇！"乐广哈哈大笑，指着壁上的雕弓说："您抬头看看，那是什么？"朋友看看雕弓，再看看杯中的蛇影，恍然大悟，顿时觉得浑身轻松，心病也全消了！

该文既嘲笑了那个被杯中蛇影吓得病倒的人，同时也向我们说明了一个道理，即心病还需心药来医。乐广明白朋友得的是心理疾病，所以用心理暗示的方法引导朋友，对症下药，使得病人"豁然意解，沉疴顿愈"。

心理讲坛

讲到暗示，有个不得不说的心理实验。

国外有个囚犯，被判了死刑，并告知他将被以放尽血液的方式处死。行刑时，死囚被带到一间隔音的房间里，捆绑在床上，蒙上眼睛，有人用针头刺入他的手臂(未刺入血管)，然后打开床下的滴水器，让他听到滴答、滴答的滴水声，使他以为是自己的血液在一滴滴地流出。10小时后，死囚的心脏停止了跳动。

这个囚犯怎么死的，你已经明白了吧？他是被自己吓死的！消极暗示的力量竟然如此巨大！

考试的时候千万别对自己说"别紧张、不要慌"等消极暗示的话语，越这样暗示就

越紧张、越慌张，甚至大脑一片空白。请用积极暗示来面对考试吧！比如，考生在复习迎考过程中或走进考场时应对自己说：“我能行，我有信心！”“我很平静，我能胜利！”“考试有什么了不起？我早准备好了，就等这一天。”

要想进行有效的自我暗示，掌握一些心理暗示的方法是非常必要的。

1. 给自己一个微笑。你的微笑，首先是给自己的。当你绽开笑脸时，实际上已经在给自己一个暗示：我很快乐。微笑将驱走你的焦虑和烦闷，带来轻松、愉快和自信。

2. 设计一个鼓励自己的常用语。有人喜欢说“烦死人”，有人喜欢说“没问题”，也有人喜欢说“真有意思”。三种习惯用语彰显了三种不同的心态。“我挺棒”“没关系”“我能行”“太好了”“真不赖”等豁达、乐观、积极的口头语有利于缓解焦虑感。

3. 每天给自己颁奖。人在内心深处都需要喝彩，但并不是每天都有人为你喝彩，那么，就让我们为自己喝彩。在每天结束时，对一天的所作所为做一个小结，充分肯定自己的表现，“叫好”之声能使疲惫的心灵鼓起奋斗的激情。每天晚上以“成功者”的姿态坦然入睡，第二天一定能信心十足，干劲十足。坚持下去，就会天天都有好心情。

4. 将积极情绪与某种行为建立起联系。常听有的人说：“我洗头就感觉心情舒畅。”也有人说：“我让自行车飞驰起来就觉得特舒坦。”他们实际上是把这些事情跟自己的心情建立了一种固定的联系，这种心理暗示的方法我们不妨借用到学习中来。通过经常性联系，每次洗头、每次晨练、每天烫脚时就产生了信心，好心情不期而至。

5. 来点阿Q精神。鲁迅的《阿Q正传》中的主人公阿Q，每次被人欺凌就用的“精神胜利法”来自我安慰，让自己心里好受一些。面对不幸，如已成定局，无法换回，不妨来点阿Q精神宽慰自己，承认现实，摆脱心理困境，追求精神胜利，这总比垂头丧气，痛不欲生要好得多。

心灵氧吧

考试中的正向自我暗示语言

1. 记住！放松！慢慢地、小心地做。
2. 心情放松！紧张是没有帮助的。
3. 不要紧，按时交卷就可以了。
4. 今天的天气真好，我一定可以考好。
5. 考试是检验我自己的学习情形，不必管其他同学的成绩如何。
6. 虽然题目难一点，但我准备很充足，难不倒我。

7. （监考老师）他看他的，我又没有作弊，不必害怕。
8. 做错了，并不表示我很笨。
9. 这题不会没关系，先做会的。
10. 只管现在考试，不必担心其他事务。
11. 太棒了，我又做完一题了！
12. 我的能力还不错嘛！
13. 做错了，没关系，幸好及时发现。
14. 不要神经兮兮，假如其他人能做，我也会做。
15. 一步一步来，我一定可以做完它。
16. 不要紧！先别紧张！该来的总是会来。
17. 上次考不好，并不代表这次也考不好。
18. 这次考试，绝对没问题，我有信心。
19. 很好！到目前为止还不错，继续做下去。
20. 错了，没关系，只要真正学会就好了。
21. 不要担心考试的结果，只要尽自己的最大努力。
22. 学习是自己的事，不必在意别人怎么想。
23. 假如这次失败了，我仍然有下一次机会。
24. 紧张是正常的，没关系，做个深呼吸，放松！
25. 假如我不知道如何做，其他人也不会知道，不用担心。

3 心有灵犀一点通

暗示是人类最简单、最典型的条件反射。

——巴甫洛夫

五、不经历风雨怎么见彩虹

心理万象

林肯履历

亚伯拉罕·林肯，美国第16任总统。他领导了美国南北战争，颁布了《解放黑人奴隶宣言》，维护了美联邦统一，为美国在19世纪跃居世界头号工业强国开辟了道路，使美国进入经济发展的黄金时代，被称为“伟大的解放者”。

这是林肯一生的简历：

1809年2月12日出生。

1818年(9岁)，母亲去世。

1831年(22岁)，经商失败。

1832年(23岁)，竞选州议员落选。

同年(23岁)，工作丢了，想就读法学院，但未获入学资格。

1833年(24岁)，向朋友借钱经商。

同年年底(24岁)，再次破产。接下来，他花了16年时间才把债还清。

1834年(25岁)，再次竞选州议员，这次赢了。

1835年(26岁)，订婚后即将结婚时，未婚妻死了。

1836年(27岁)，精神完全崩溃，卧病在床六个月。

1838年(29岁)，争取成为州议员的发言人——没有成功。

1840年(31岁)，争取成为选举人——落选了。

1843年(34岁)，参加国会大选——又落选了。

1846年(37岁)，再次参加国会大选——这回当选了。前往华盛顿特区，表现可圈可点。

1848年(39岁)，寻求国会议员连任，失败。

1849年(40岁)，想在自己州内担任土地局长的工作，遭到拒绝。

1854年(45岁)，竞选美国参议员，落选。

1856年(47岁)，在共和党内争取副总统的提名——得票不足100张。

1860年(51岁)，当选美国总统。成为美国历史上最伟大的总统之一。

生下来就一无所有的林肯，终其一生都在面对挫败。他曾经绝望至极，但从没有放弃人生这场跳高比赛。挫折是他生活的主旋律，抑郁是他个人的大敌。但林肯还是挺了过来，直到最后一刻！

心理讲坛

科学家曾做过这样一个实验：将一只猎豹与一群山羊放在一个笼子里，中间用一张铁丝网隔开。最初猎豹不断冲撞铁丝网，企图捕获笼子那边的山羊，而那张铁丝网却让猎豹的一次次冲击徒劳无功。实验人员每天在猎豹的笼子里放些活鸡，猎豹不乏食物，但它还是想突破铁丝网捕食山羊，每天吃饱之后就不断地冲撞铁丝网，企图能凭着自己的力气，成功地突围过去。慢慢地，猎豹将自己弄得遍体鳞伤，但始终徒劳，沮丧不已。在与那道铁丝网相持一段日子后，猎豹确信自己难以逾越那道障碍，不再做徒劳的冲撞，而与山羊相安无事，好像对面的山羊只是它面前的一道美丽风景。后来，实验人员将铁丝网撤掉，已被一次次撞得头破血流的猎豹，却对已经失去保护屏障的山羊毫无反应，每天只在自己固定的区域游走，从不到山羊那边去，再也不敢越雷池半步。

这个实验启示我们：不走出失败的阴影，就会被失败销蚀进击的斗志，最终与成功无缘。有的人在为成功打拼的道路上，并不缺乏拼搏的热情，却缺乏不畏挫折坚持到底的恒心；有的人被失败打倒后，丧失了进取心，在失败与挫折面前低下了头，弯下了腰，最终只能与成功失之交臂。民间谚语“一朝被蛇咬，十年怕井绳”说的就是这种人。

（一）正确认识挫折

人生如同一面镜子，你对它笑，它就对你笑；你对它哭，它也以哭脸相迎。面对挫折，你是悲观者还是乐观者，全看你能否对挫折有一个正确的认识。巴尔扎克说：“世界上的事情永远不是绝对的，结果完全因人而异，苦难对于天才是一块垫脚石，对能干者是一笔财富，对弱者是万丈深渊。”所以，引起挫折感的，与其说是那些挫折、应激、冲突本身，不如说是受挫者对所受挫折的看法。有时候，正是因为受挫者的想不开，才导致挫折的产生。

（二）积极应对挫折

在正确认识挫折的基础上，同学们要采取科学、理智的方式应对挫折。遭受挫折时，要避免愤怒、生气，避免自暴自弃。美国心理学家爱尔马把人生气时呼出的“生气水”注入白鼠体内，几分钟后，白鼠死了。他由此分析，人生气（10分钟）会消耗人体精力，其程度不亚于参加一次3000米的赛跑。很多时候，都是由于愤怒导致情绪失控，发生了某些悲剧。一般而言，遇到挫折时，积极的心理防御机制，如升华、补偿、幽默等是较佳的应对措施。

(三) 提高挫折承受力

没有经历挫折的人，就像温室里的花朵，一旦踏入社会，很难面对风风雨雨，社会适应能力较差。贝多芬说得好："我要扼住命运的喉咙，它休想使我屈服！"苏格拉底也曾说："逆境是磨炼人的最高学府。"挫折孕育成功，挫折磨炼意志，在某种程度上说，挫折是生活中的一笔财富。所以，我们要坦然面对挫折、积极应对挫折、勇敢地承受挫折！

心灵氧吧

游戏：猜猜他是谁

1. 他诠释了"超级巨星"的含义，他在篮球职业生涯中创造了刷屏般不胜枚举的纪录，是公认的全世界最棒的篮球运动员，也是美国篮球职业联赛历史上第一位拥有"世纪运动员"称号的巨星。有人封他为飞人、篮球之神、篮球上帝。在这之前，其实他高中时因不足1.8米被校篮球队淘汰；他职业生涯中有超过9000球没投进、输了近300场球赛；有26次被托付执行最后一击，而他却失手了；他的生命中充满了一次又一次的失败。他没有放弃，他的身高长到了1.98米；他没有放弃，他6次带队赢得美国篮球职业联赛总冠军，5次获"最有价值球员"称号。他说："我从未害怕过失败。"

2. 她在19个月的时候被猩红热夺去了视力和听力。在导师安妮·莎莉文(Anne Sullivan Macy)的帮助下，她学会用顽强的毅力克服生理缺陷所造成的精神痛苦，成为一个学识渊博，掌握英、法、德、拉丁、希腊五种文字的著名作家和教育家。她走遍世界各地，为盲人学校募集资金，把自己的一生献给了盲人福利和教育事业。曾入选美国《时代周刊》评选的“人类十大偶像”之一，被授予“总统自由奖章”，并得到许多国家政府的嘉奖。

3. 在中国，有一孤儿未出生时父亲早逝，9岁时母亲病逝。他命运多舛，湘西求学，染上霍乱，几乎死去。他的梦想与愿望是：他只希望在他卸任以后，全国人民能说一句，他是一个清官，不是贪官，他就很满意了。他还说：“只要我活着，还有一口气，我就要为人民鞠躬尽瘁，死而后已。”他带领中国度过亚洲金融危机，面对九江豆腐渣工程勃然大怒，看到抗洪士兵怆然泪下。他准备100口棺材，99口留给贪官，1口留给自己。

4. 舞台上，他是芳华绝代的女娇娥。舞台下，他竟是风流倜傥的少年郎！8年间，他遍访名师，苦练绝技，不光学唱功、学表演、学舞蹈，甚至还要钻研化妆、服装、造型等各种艺术门类的绝技。8年，他为自己的每一次演出亲自选布料、染色彩，甚至亲手描绘衣服上的每一朵花、每一片叶。8年，那种对超越某一种生命形态的美与艺术的探寻，让他的人生，显得如此不同凡响，令人心醉。

5. 他，20年前大学毕业，应聘过30份工作，全部被拒绝；他，想当警察，和5个同学一起去面试，4个录取，只有他没有被录取；他，杭州第一个五星级宾馆开业的时候去应聘服务员，也没有被录取；他，和24个人一起应聘杭州肯德基，23个人被录取，没有被录取的那个还是他。

答案：乔丹　海伦·凯勒　朱镕基　李玉刚　马云

心有灵犀一点通

我觉得坦途在前，人又何必因为一点小障碍而不走路呢？

——鲁迅

第四章　焦虑靠边：换种方式

同学们，莫名的焦虑让你备受煎熬，不要让他挟持你的潜能，让他们都消失吧，也许运动、书写、哭泣可以给你提供一些帮助。你听说过“系统脱敏法”吗？沃尔帕会告诉你如何运用它来缓解你的考试焦虑。你有过拖延吗？“我生待明日，万事成蹉跎”，时间管理，让你日事日毕，不断进步。好好地把握今天，好好地活在当下，你才能迎来成功的明天。

在本章，编者会介绍一些有效的、可操作的方法，比如宣泄与转移、音乐疗法、系统脱敏法、时间管理等，帮助同学们缓解焦虑情绪，轻松快乐地把握当下。

一、宣泄与转移

心理万象

在雨中放纵心情

盈盈春风舞，片片残叶扬，丝丝缕缕的飘雨，带出点点愁绪。一场秋雨一点凉，踯躅街头，走进一片雨雾里，顷刻间，愁意萦绕。

雨丝迎面飘来，头发湿了，心也湿了；雨夹着风的肆意飘摇，身子渐凉，心也冷得更多。无语前行，默默想着，想着……

成熟是要经历痛楚的，就像暴雨之前的景象。也许最近总是阴雨连绵，也许是生活压抑，也许是心情不好。脑海里出现了在暴雨中跑步的想法，想要一个彻底的洗礼。洗净所有的尘土，洗净所有的烦恼，洗掉一切的不顺。

雨，紧锣密鼓越下越大，天地之间连成一线，好像经过一场剧痛，来一次翻江倒海的洗礼。不知跑了多久，也不知道跑了多远，感觉周围的一切都与我无关。只是跑着、跑着，也顾虑不了别人的眼光。难得放纵一次，难得疯狂一次，只想好好地把心中的郁闷都宣泄出来。

任凭雨水打在脸上身上，我的每一寸肌肤，每一个细胞，感受着雨水滑落的瞬间，那才叫释放。是用雨水冲刷掉那一身的疲惫，还有很多不快，你可以理解，也可以不理解。当眼镜以外的一切开始变得模糊不清，我只有靠感觉，这时的感觉是最灵敏的，因为每寸皮肤都刚刚做了个护理，好得很；心里存在已久的烦闷流出来了，和雨水一起流过表皮，落入大地，在等待的季节孕育，准备开出下一个花季，当然不是郁闷之花，而是那最灿烂的青春之花。

一场雨，就是我的心，在雨中放纵自己的心情。和雨一起宣泄，然后，开始微笑……

心理讲坛

心理学研究发现，凡是能够正确对待有关事物与善于排遣不愉快情绪的人，绝大多数都能保持身心健康而不生病。相反，总是积郁于怀或过分自我压抑的人，患各类精神疾病的概率也高出数倍。将内心积郁的负面情绪宣泄出来，是维护人们身心健康的重要原则之一。

下面几种宣泄方法是心理学专家在实践中总结出来的，可根据实际情况选择使用：

（一）谈话法

通过谈话达到宣泄目的，记住要选择你最亲近、最信任且最能理解你的人作为交谈对象。谈话时要尽情倾诉，可以大声诉说，也可以边诉边哭。而听者要耐心，任其畅所欲言，不要加以阻止，必要时进行一些劝导和安慰。

（二）书写法

通过写信、著文、赋诗、绘画、记日记等方式，将内心的消极情绪宣泄出来。书写

法的好处在于，可以使各种不能直接表露的消极情绪得到排解，而不需要特殊条件。古代很多著名的文、诗、画实质上都是作者情感宣泄的体现。

（三）运动法

通过打球、拳击、捶击物品、撕破废纸、体育锻炼等方式，将消极情绪宣泄出来，所谓“将物出气”。宣泄时，一定要想到这是在“出气”，所以要全力投入，捶击的物品可以是枕头、橡皮人等不会损坏的非贵重物品。

（四）哭泣法

有人说，流眼泪是女孩子的专利，男儿有泪不轻弹！其实那是不符合心理卫生、生理卫生的。通过哭泣，眼球叽里咕噜转，眼睛得到润滑，眼泪出来了，眼中的灰尘也流出来了，体内的毒素也排出来了。所以，伤心的男孩，该哭就得哭出来，正如歌词“男人哭吧哭吧不是罪”所言。

这里说的宣泄，是合理地发泄，不是胡来。你动刀子捅人，你去打架，乱摔乱打，这都不行！宣泄应该有正确的方式、场合和对象，要既能达到宣泄目的，又不影响别人的情绪和安全。

以上讲的都是宣泄，除了宣泄之外还有转移可用来调节焦虑的情绪。

转移就是让你走出来，把注意力指向别处，别老在那里想来想去的。转移的方法很多，比如找人聊聊，看看电视、电影，听听音乐，看看武侠小说，打打球，逛逛公园，旅游，钓鱼，学习集邮、书法、画画、栽花、养鸟，等等。这些业余爱好不但有助于修身养性，还可以帮助你摆脱烦恼。

心灵氧吧

写走焦虑，表现更好

你是否有刷微博、写博客、记日志的习惯？你只是轻描淡写地记流水账，还是深刻地检索内心的情感与想法？你可知道“书写”这一小小的习惯可以有效缓解抑郁、焦虑症状，减轻慢性疾病和类风湿性关节炎等带来的痛苦？

2011年1月14日《科学》(Science)杂志刊载了一篇题为《写下对考试的焦虑，提高考试表现》(Writing About Testing Worries Boosts Exam Performance in the Classroom)的报告。该研究做了2个实验室实验和2个现场实验。实验室实验中，实验者人为控制参与者的焦虑水平，然后让他们完成数学任务；而现场实验则是直接选择即将参加“高考”(High Stakes Exams)的学生为研究对象。研究发现，花10分钟书写与任务有关或考试有关的焦虑情绪和想法可以显著提高参与者的成绩，尤其在高焦虑情境下或高焦虑特质的被试上效果更明显。

看似简单的书写怎么会有如此大的“魔力”呢？新南威尔士大学白奇博士解释说：在书写表达的过程中，人们可以自由表达内心的情绪情感，书写的过程就是一种情绪的宣泄(Emotional Catharsis)。因此，不良情绪得到排解后个体的情绪状态就有了进一步的改善。主动抑制情绪会唤醒自主神经系统和中枢神经系统，长此以往将成为一种慢性、低水平的压力源，严重影响身心健康。书写表达减小了情绪抑制，因此可以减小个体的压力水平，改善身心健康状况。

书写表达可以帮助个体组织和重构创伤性记忆，以便形成更加适合的对自己、他人和世界的认知。研究发现认知加工的改善可以通过工作记忆容量的增加反映出来。除此之外，书写表达可能为暴露痛苦和创伤性经历创造了一个条件，为消极情绪的宣泄提供了一种安全而简便的方式。多次反复将某一情感性事件暴露出来，减小了人们内心的压力。

心中的焦虑无处诉说？写下来吧！

心有灵犀一点通

写作的人像画家不应该停止画笔一样，也是不应该停止笔头的。随便他写什么，必须每天写，要紧的是叫手学会完全服从思想。

——果戈理

二、音乐疗法

乐者，药也

30岁的德国人艾丝德不幸在一次交通事故中受到重伤，昏迷不醒。一个精神病学专家得知他是流行歌手伊里阿斯的狂热歌迷。于是，医生开出了一张独特的处方——每日为艾丝德不停地播放伊里阿斯的歌曲。两周后，艾丝德终于在歌声中睁开了双眼，身体恢复功能，最后完全康复。伊里阿斯获悉是他的歌声救醒了艾丝德，高兴地赠给他一件礼物——终身免费入场欣赏他的音乐会。

34岁的丁晓棠说："有一次，为一件事情和家人大吵。当时，我伤心极了，也愤怒极了。我把自己关在房间里，恨不得从五层高的楼房上跳下去，就在我快要崩溃时，我打开音响，放了一首韩德尔组曲《焰火音乐》，听着听着，我急躁的心情渐渐平缓下来，我意识到对妻子确实过分了。所以后来，我主动给她打了个电话，希望和她谈谈，我们的那次危机就这样化解了。”

实际上，远在古代，人们就意识到了音乐的治病作用。在中国，楚国一个太子久居深宫，患了神经衰弱，就是请医生用音乐配合针石之术治好的。埃及人把音乐称作灵魂的医学，所罗门王得了忧郁症，不是请名医开药，而是坐下来聆听宫廷音乐师的竖琴声。

“乐者，亦为药也”，音乐和医学有时可以结合起来，为我们的健康保驾护航。曾有专家观察到并证实，音乐对人的情绪、新陈代谢、能量、血压、呼吸及脉搏都能产生积极的影响。如果人体机能失调，我们不妨有目的地去选择音乐，借音乐的力量，使人在这种辅助治疗下恢复健康。

心理讲坛

有人说，贝多芬的音乐使愁苦者快乐，胆怯者勇敢，轻浮者庄重，这就是音乐激发了我们内心最深沉而优美的情感，平衡及满足了人的情感需求，同时也转移了人的负面注意力。下面是我们的心理学专家根据人不同的性格和情绪特点设计推出的五套音乐疗法，您可以根据自己的情况来自由选择。

（一）安神镇静法

选择具有舒缓、低慢、轻柔、婉转、幽雅等特点的乐曲，以收安神定志、镇静安眠等效果，如果近来你心情偏激，焦躁不安，可以选择这套音乐疗法。常用的民族乐曲如古筝独奏《春江花月夜》、二胡独奏《月夜》、高胡独奏《南渡江》以及《病中吟》《催眠曲》《渔光曲》等。

（二）兴奋开郁法

选择节奏明快、旋律流畅、音色优美的乐曲，以振奋精神、愉悦心情，主要用以治疗情志抑郁，或调畅情绪。常用的民族乐曲如《喜相逢》《赛马》《光明行》《喜洋洋》《假日的海滩》《百鸟朝凤》《八哥洗澡》等。

（三）养心益智法

选听古典音乐为主，如内容健康的宫廷音乐、民族乐曲等，以抒情、典雅、富有生气、令人奋进为原则。常用的乐曲如《阳关三叠》《春江花月夜》《江南丝竹》《空山鸟语》等。也可适当选听一些流行乐曲，原则与上述一致，而应力避那些令人意志消沉的“靡靡之音”。

（四）娱神益寿法

这套音乐疗法重点在于使人养成高雅的道德情操、乐观豁达的胸襟、开朗的性格，此乃防病抗衰、延年益寿之根本。乐曲的选择宜以典雅的传统乐曲为主，其格调不单一而宜多变，一曲中兼具明快、欢畅、安静、沉思等乐境，常用的乐曲有《梅花三弄》《良宵》《醉翁吟》《平沙落雁》《高山流水》等，另外可配合一些反映天地人间、生机盎然的自然音乐，如《百鸟行》《空山鸟语》《荫中鸟》等。

（五）世界名曲音乐疗法

忧郁时可选用莫扎特的《g小调第四十交响曲》或西贝柳斯的《悲痛圆舞曲》；急躁和渴望时可选用亨德尔的《皇家焰火音乐》，或罗西尼的《威廉·退尔》；催眠可选用莫扎特的《催眠曲》，或门德尔松的《仲夏夜之梦》，或德彪西的钢琴协奏曲《梦》；希望明朗、轻快时可选用施特劳斯的《蓝色的多瑙河》圆舞曲，或比才的《卡门》组曲；等等。

TIPS：使用音乐疗法还须注意以下几点。

不要空着肚子听进行曲——人在空腹时，饥饿感很强烈，而进行曲具有强烈的节奏感，加上铜管齐奏的效果，人们听后受步步向前的驱使，会进一步加剧饥饿感。

不要吃饭时听打击乐——打击乐一般节奏明快、铿锵有力、音量很大，吃饭时欣赏，会导致心跳加快、情绪不安，从而影响食欲，有碍食物消化。

不要生气时听摇滚乐——人生气时，情绪易冲动，常有失态之举，若在怒气未消时听到疯狂而富有刺激性的摇滚乐，无疑会火上加油，助长怒气。

不要睡前听交响乐——交响乐气势宏大、起伏跌宕、激荡人心。睡前听此类音乐，会令人精神亢奋、情绪激动，难以入睡。

心灵氧吧

青少年励志歌曲集锦

陈国荣《有用的人》
陈慧琳《希望》
陈慧琳《走在前面》
群星《相亲相爱一家人》
WANDS《直到世界的尽头》
凤飞飞《掌声响起来》
群星《真心英雄》
林子祥《男儿当自强》
童安格《永远不要说放弃》
群星《过去的明天》
卓依婷《明天会更好》
曹尔真《走自己的路》
范玮琪《最初的梦想》
群星《让世界充满爱》
五月天《倔强》
五月天《咸鱼》
王力宏《改变自己》
汪峰《怒放的生命》
汪峰《飞得更高》
汪正正《超越梦想》
王杰《祈祷》
王麟《勇敢的梦想》
魏晨《梦的怒放》
伍思凯《我真的很不错》
吴奇隆《追风少年》
林志颖《我不后悔》
林志颖《一起飞》
吕方《朋友别哭》
吴奇隆《追梦》
李克勤《红日》
韩庚《青春梦想》
苏打绿《相信》
刘欢《在路上》
刘欢《从头再来》
任贤齐《赛跑》
任贤齐《永不退缩》
任贤齐《有梦的人》
BEYOND《冲开一切》
BEYOND《光辉岁月》
BEYOND《海阔天空》
BEYOND《不再犹豫》
欧阳菲菲《感恩的心》

林依轮《步步高》
水木年华《启程》
水木年华《生命的挑战》
孙燕姿《梦不落》
萧亚轩《我要的世界》
容祖儿《挥着翅膀的女孩》
零点乐队《相信自己》
刘德华《Everyone Is No.1》
姜育恒《跟往事干杯》
李宇春《和你一样》
李宗盛《壮志在我胸》
卢庚戌《未来的未来》
许美静《阳光总在风雨后》
许巍《执着》
羽泉《奔跑》
闫寒《展翅飞翔》
杨培安《我相信》
杨培安《我的骄傲》
曾轶可《勇敢一点》

郑钧《三分之一理想》
张韶涵《隐形的翅膀》
张玉涛《我为我强》
张杰《我的舞台》
张杰《我们都一样》
张杰《年轻的战场》
张杰《最美的太阳》
张国荣《共同度过》
张含韵《一人一梦》
张含韵《青春无敌》
张雨生《我的未来不是梦》
郑智化《水手》
周笔畅《梦想在望》
周笔畅《你们的爱》
周迅《外面》
周杰伦《蜗牛》
周杰伦《稻香》
周杰伦《听妈妈的话》
赵传《我是一只小小鸟》

心有灵犀一点通

音乐，是人生最大的快乐；音乐，是生活中的一股清泉；音乐，是陶冶性情的熔炉。

——冼星海

三、系统脱敏法

心理万象

巧治声响恐惧症

卫德新的妻子出门旅行。在旅舍的楼上住宿，晚上遇到盗贼烧房子，因此受到惊吓，从床上掉了下来。从此以后，每听到声响，卫德新的妻子都会受惊昏倒不省人事。家人为此只能悄悄地做事，小声地说话，连走路都要踮着脚。他们一旦弄出声响，就会吓得她昏倒。这样过了一年，都不见好转。

有一个著名的医生，叫张从正。他听说了这件事，便帮卫德新的妻子治疗。医生把脉后，就让卫德新的妻子坐在一张高高的椅子上，并安排两个女子，站在卫德新的妻子两侧，各抓住她的一只手。她们的面前放了一张小桌儿。张从正说："夫人，请看这木头！"便猛击桌，卫德新的妻子大惊，尖叫不停，幸好两名女子抓住她，没有从高高的椅子上摔下来。张从正说："我用木头击桌，有什么值得害怕呢？"

卫德新的妻子惊吓后稍显安定，张从正又击桌，惊吓已明显减缓。又过一会儿，连击三五次，又用木杖击门，又暗中令人击背后的窗子。卫德新的妻子慢慢从惊恐中平定下来。晚上又叫人敲打她家卧房的门窗，接连数日，从天黑直到天亮，一两个月后，卫德新的妻子即使听到雷鸣也不害怕了。

这个叫张从正的医生很聪明，用巧妙的办法治疗了卫德新妻子害怕声响的恐惧。这个办法就是现代心理学所说的“系统脱敏疗法”。

心理讲坛

系统脱敏疗法又称交互抑制法，是由美国学者沃尔帕创立和发展的。这种方法主要是诱导求治者缓慢地暴露出导致神经症焦虑、恐惧的情境，并通过心理的放松状态来对抗这种焦虑情绪，从而达到消除焦虑或恐惧的目的。如果一个刺激所引起的焦虑或恐怖状态在求治者所能忍受的范围之内，经过多次反复的呈现，他便不再会对该刺激感到焦虑和恐惧，治疗目标也就达到了。

接下来就让我们一起用“系统脱敏法”为考试焦虑降降压吧！

（一）建立焦虑等级层次

首先，请仔细回忆你每次应试前的真实感受，按时间顺序逐一记录下来，比如开始复习时、复习期间、考试前一天、临进考场时、进入考场时、未做试题前、开始做题时等等。其次，请回想当时的周围环境和内心体验，按照紧张程度的不同给刚才一一排序的事件进行分数评定，并由低分到高分排序。

如，有的孩子这样排列自己的焦虑等级：

A. 考前一周快要考试时　焦虑分数20分

B. 考前一天想到明天就参加考试时　焦虑分数30分

C. 在去考场的路上　焦虑分数40分

D. 在考场外等候时　焦虑分数60分

E. 在进入考场时　焦虑分数80分

F. 考卷发下来时　焦虑分数100分

（二）放松训练

放松训练是指使有机体从紧张状态中松弛下来的一种练习过程。放松有两层意思，一是说肌肉松弛，二是说消除紧张。放松训练的直接目的是使肌肉放松，最终目的是使整个机体活动水平降低，达到心理上的松弛，从而使机体保持内环境的平衡与稳定。

放松训练的基本种类有呼吸放松法、肌肉放松法、想象放松法三种，而具体放松训练的形式又多种多样。

（三）系统脱敏练习

放松之后，轻松地坐在椅子上或者躺在床上。开始想象 A 级的场景，要尽量想得清晰、具体，想象自己就身处其间。比如想象考试前一周的情景：在教室里，同学们都在紧张地做题，下课后，大家都在复习。你也坐在课桌前，开始紧张地复习。课桌上，摆满了课本和资料，各种笔、橡皮擦在桌面上散乱着。你的身边偶尔有几个同学经过，他们会停下来，好奇你在做什么。在课间的嘈杂中，你紧张地复习。想象这个情景的时候，你如果感受到焦虑、紧张，就请立即停止，然后进行之前的放松训练。

接着用同样的程序想象 B 级的情景，直到不会感到焦虑为止。接着用同样的程序想象 C 级的情景，直到不会感到焦虑为止。同样的方法，可以持续使用到你整理出来的最高等级的焦虑。

这样的训练每天都可以进行，需要注意的是每次系统脱敏前的放松训练一定要坚持做，并且做好，不然，系统脱敏的想象工作就会给你带来伤害！

建议：对于严重焦虑、有怯场现象的孩子完成这个过程时最好找专门的心理老师辅导！

心灵氧吧

肌肉放松法

肌肉放松的原理是先让你感到紧张，再体验松弛。没有紧张就难以体验松弛，所以先紧张后松弛就能达到良好的放松效果。

这种方法做起来比较简单，我们可以用来缓解考前的紧张情绪，焦虑的时候、失眠的时候等都可以用。

现在，请大家听我的指导语，跟着要求去做。

(1) 请同学们找一个最舒适的姿势坐好，戴眼镜的同学请把眼镜摘掉。

(2) 深深吸进一口气，保持一会儿。(约5秒) 好，请慢慢把气呼出来，慢慢把气呼出来。(停一停) 现在我们再来做一次，请你深深吸进一口气，保持一会儿。(约5秒) 好，请慢慢把气呼出来，慢慢把气呼出来。(停一停)

(3) 现在，伸出你的前臂握紧拳头，用力握紧，注意你手上的感觉。(约5秒) 好，现在请放松，彻底放松你的双手，体验放松后的感觉，你可能感到沉重、轻松或者温暖，这些都是放松的标志，请你注意这些感觉。(停一停) 现在我们再做一次。

(4) 现在开始放松的你双臂，先用力弯曲绷紧双臂肌肉，保持一会儿，感受双臂肌肉的紧张。(约5秒) 好，放松，彻底放

松你的双臂，体会放松后的感觉。(停一停) 现在我们再做一次。

(5) 现在我们放松头部肌肉，皱紧额头的肌肉，皱紧，皱紧，保持一会儿。(约 5秒) 好，放松，彻底放松。

(6) 请你往后扩展你的双肩，用力向后扩展，用力扩展，保持一会儿。(约 5秒) 好，放松，彻底放松。(停一停) 我们再做一次。

(7) 现在，向上提起你的双肩，尽量使双肩接近你的耳垂。用力上提双肩，保持一会儿。(约 5秒) 好，放松，彻底放松。(停一停) 我们再做一次。

(8) 现在，放松你小腿部位的肌肉，请你将脚尖用力上翘，脚跟向下向后紧压地面，绷紧小腿上的肌肉，保持一会儿，保持一会儿。(约 5秒) 好，放松，彻底放松你的双脚。(停一停) 现在我们再做一次。

(9) 现在，放松你大腿的肌肉。请用脚尖向前向下压紧地面，绷紧大腿肌肉，保持一会儿。(约 5秒) 好，放松，彻底放松。(停一停) 我们再做一次。

心有灵犀一点通

放松与娱乐，被认为是生活中不可缺少的要素。

——亚里士多德

四、时间管理

心理万象

时间去哪儿了

山脚下有一座石崖，崖上有一道缝，寒号鸟就把这道缝当作自己的窝。

夏天的时候，寒号鸟全身长满了绚丽的羽毛，样子十分美丽。寒号鸟骄傲得不得了，觉得自己是天底下最漂亮的鸟了，连凤凰也不能同自己相比。于是它整天摇晃着羽毛，到处走来走去，还得意扬扬地唱着："凤凰不如我！凤凰不如我！"

夏天过去了，秋天到来，鸟儿们都各自忙开了，它们有的开始结伴飞到南边，准备在那里度过温暖的冬天；有的留下来，就整天辛勤忙碌，积聚食物啦，修理窝巢啦，做好过冬的准备工作。寒号鸟却整天飞出去玩，累了回来睡觉。喜鹊说："寒号鸟，别睡觉了，天气这么好，赶快垒窝吧。"寒号鸟不听劝告，躺在崖缝里对喜鹊说："你不要吵，太阳这么好，正好睡觉。"

冬天终于来了，天气寒冷极了，鸟儿们都回归到自己温暖的窝巢里。这时的寒号鸟，身上漂亮的羽毛都脱落光了。夜间，它躲在石缝里，冻得浑身直哆嗦，它不停地叫着："好冷啊，好冷啊，等到天亮了就造个窝啊！"等到天亮后，太阳出来了，温暖的阳光一照，寒号鸟又忘记了夜晚的寒冷，于是它又不停地唱着："得过且过！得过且过！

太阳下面暖和！太阳下面暖和！”

又是一年芳草绿，小鸟们迎着和煦的春风在天空中快乐地翱翔。“叽叽喳喳，我们真快乐……”一只小鸟突然发问：“咦？怎么没有听到寒号鸟的歌声呢？”大家这才四处寻望，终于在两块石头的缝中发现了寒号鸟，但它已被冻得全身僵硬，停止了呼吸。鸟儿们都为之惋惜：“都是拖延害了它啊！”

“明日复明日，明日何其多。我生待明日，万事成蹉跎。”从动物到人类，从古人到今人，从学生到老师，从秘书到总裁，从家庭主妇到销售员，拖延的问题几乎会影响到每一个人。除了在截止期限的最后一刻获得的如释重负的轻松感外，大多数时间内，拖延不仅给当事人带来内在的情绪上的折磨，使其感到恼怒、后悔，甚至强烈的自我谴责和绝望，还在工作、学业、家庭和人际关系上造成严重的外在后果。

心理讲坛

昨天已匆匆而过，或许留下了一些遗憾；明天尚未到来，无须庸人自扰；今天正在进行着，需要我们好好把握。抛弃拖延，积极向上，不断进取，珍惜了今天，才有可能拥有可爱的明天。享受时间带给我们的乐趣，享受年轻散发的点点光芒，大家可做如下尝试：

1. 将一天从早到晚要做的事情进行罗列，对所有没有意义的事情采用有意忽略的技巧，将罗列的事情中没有任何意义的事情删除掉。

2. 将要做的事情根据优先程度分先后顺序。80% 的事情只需要 20% 的努力，而 20% 的事情是值得做的，应当享有优先权。因此要善于区分这 20% 的有价值的事情，然后根据价值大小，分配时间。

3. 要具有灵活性。一般来说，只将时间的 50% 计划好，其余的 50% 应当属于灵活时间，用来应对各种打扰和无法预期的事情。

4. 遵循你的生物钟。你办事效率最佳的时间是什么时候？将优先办的事情放在最佳时间里。

5. 学会说“不”。一旦确定了哪些事情是重要的，对那些不重要的事情就应当说“不”。

6. 做好的事情要比把事情做好更重要。做好的事情是有效果，把事情做好仅仅是有效率。首先考虑效果，然后才考虑效率。

7. 与同伴们在一起。一个人面临问题时会觉得孤独无助，所以找个人来帮助你克服拖延的习惯是个不错的选择。一起学习、一起运动，互相监督，心灵有了依靠，困难更易战胜。

8. 不要想成为完美主义者。不要追求完美，而要追求办事效果。

9. 奖赏自己。即使一个小小的成功，也应该庆祝一下。可以事先给自己许下一个奖赏诺言，事情成功之后一定要履行诺言。

10. 坚持。科学研究告诉我们：坚持一个行动，关键在头3天，如果能坚持21天以上，你就能形成一个习惯；如果坚持重复90天以上就会形成稳定习惯；如果能坚持重复365天以上，你想改变都很困难。重复的行为就能形成习惯，良好的习惯就能导向成功。

心灵氧吧

一分钟

著名教育家班杰明曾经接到一个年轻人的求助电话，并与那个向往成功、渴望指点的年轻人约好了见面的时间和地点。

等那个年轻人如约而至时，班杰明的房门大敞着，眼前的景象令年轻人颇感意外——班杰明的房间里乱七八糟、一片狼藉。

没等年轻人开口，班杰明就招呼道："你看我这房间，太不整洁了，请你在门外等候一分钟，我收拾一下，你再进来吧。"他一边说着，一边轻轻地关上了房门。

不到一分钟的时间，班杰明就打开了房门，热情地把年轻人让进客厅。这时，年轻人的眼前展现出另一番景象——房间内的一切已变得井然有序，而且有两杯刚刚倒好的红酒，在淡淡的香郁气息里还漾着微波。

可是，还没等年轻人把满腹的有关人生和事业的疑难问题向班杰明提出来，班杰明就非常客气地说道："干杯！你可以走了。"

年轻人愣住了，既尴尬又非常遗憾地说："可是，我……我还没向您请教呢……"

"这些……难道还不够吗？"班杰明一边微笑着，一边扫视着自己的房间，轻言细语地说："你进来又有一分钟了。"

"一分钟……一分钟……"年轻人若有所思地说："我懂了，您让我明白了一分钟时间可以做许多事情、可以改变许多的深刻道理。"

班杰明笑了。年轻人把杯里的红酒一饮而尽，向班杰明道谢后，开心地走了。

心有灵犀一点通

时间是由分秒积成的，善于利用零星时间的人，才会做出更大的成绩来。

——华罗庚

五、活在当下

心理万象

活在当下

一个渴望早日得道的和尚在深山苦修。

一天，他走在山林中，突然前面窜出一只猛虎正向他扑来，和尚吓出一身冷汗，连忙拔腿就跑，老虎在后面追。

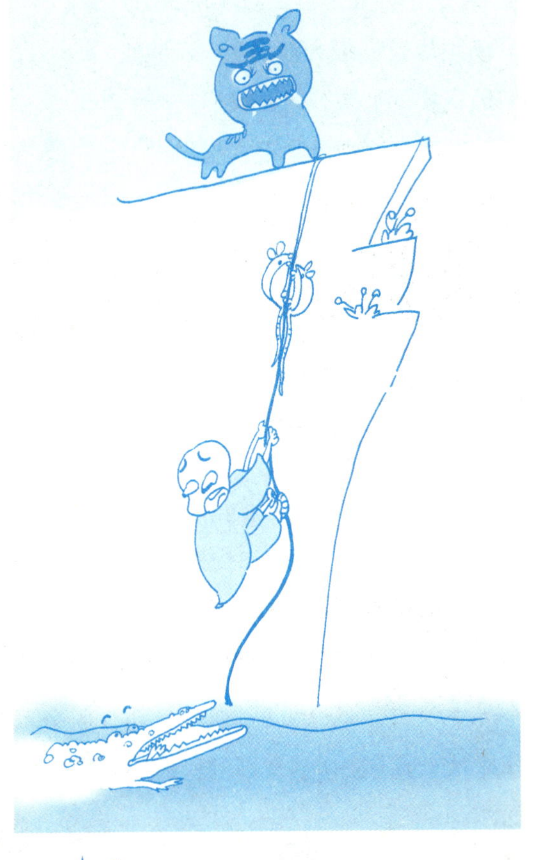

人在紧急时候还是会迸发出超常的力量，和尚越跑越快，眼看可以跑出猛虎的追赶了，谁知，前面竟是一道悬崖。

他冲到悬崖边想，要想逃脱虎口只能往下跳了，也许会幸免一死。可他往下一看，崖下的水中竟有一群鳄鱼。

他心里顿时凉了半截，正当他犹豫时猛虎已经追到崖边正向他扑来，和尚已无法选择，只能往下跳了，但他却顺势抓住了悬崖边的一根树藤，就这样吊在了崖边。和尚拼命地抓着藤，寻找一线生机。

可这时，悬崖边却冒出黑白两只老鼠，一起啃起和尚手中的那根树藤，一旦啃断树藤，和尚必然掉入山涧，落入鳄鱼的口中。

就在这千钧一发之际，老虎、鳄鱼、老鼠全都不见了，和尚好端端地坐在山林之中，原来是一场白日梦。

和尚顿悟，老虎和鳄鱼其实就是自己一直不愿去坦然面对的恐惧，而黑白两只老鼠正是象征着不断啃食人们生命剩余时光的白天和黑夜。

他终于领悟——生命中最重要的，就是要让自己活在当下。

今天都不积极地把握，凭什么瞻望明天？今天都不耕耘，凭什么盼望明天丰收？所以我们应该倾尽我们最大的力量，以我们最真实的心灵，把握我们的今天！重要的事情就是现在你做的事情，重要的人就是现在和你一起做事情的人，重要的时间就是现在，这就是“活在当下”。

心理讲坛

“活在当下”是一种清醒现实的生活态度。生命变化太快，每一秒的我们都不尽相同。昨日已成历史，明日尚未可知，只有今天才是我们唯一可以把握、可以改变、可以用来超越对手、超越自己的一天。

“活在当下”是一种积极的心态，是以美好的未来为导向而活着的过程。活在当下不等于今朝有酒今朝醉，而是今朝有酒不大醉，不使明朝有忧愁。一个人驾驶吉普车在原野上狂奔，在享受回归自然的野性所带来的快乐的时候，必须知道前面不是万丈深渊。

（一）正确认识自己

不能认识自己也很难看清他人。我们不能把自己看得太高，看得过高犹如在浮云中行走，脚下无根，得意忘形，不知危险却是相当的危险。也不能把自己看得过低，看得过低犹如在山下试飞的鸿鹄，本应该冲刺云霄，却选择了低空。唯有对自己正确地定位才能看清自己，认识自己，推动自己，甚至超越自己。我们如果把自己看得很伟大，目空一切的话，不妨把自己看得小一点，看到了自己的渺小，才能看到别人的伟大，才能让你感到很轻松。

（二）学会快乐

如果你在平时感到很烦恼，这也很正常，因为有很多让你产生烦恼的事情，这就要求我们学会快乐，只有自己快乐了才能给别人带来快乐，才会产生阳光心态。快乐是来自内心深处的情绪反应，要想快乐必须要有良好的心态。其实快乐很简单，生活得越简单就越快乐。有时候你的态度和所作所为也会影响别人的情绪，让别人也不快乐。这就要求我们学会避让，学会保护自己，让自己更爱自己，尽量让自己做到快乐，也让别人快乐。我所认为的快乐就是，谁能更大程度地排除苦难烦恼以及更大程度地避免苦难烦恼的发生谁就是快乐的主人，排除苦难烦恼的事情越多就越容易快乐，没有最快乐！

（三）正确对待反差

不能看清反差有可能让你成为一个狂傲者，也有可能让你成为一个自卑者。在老战友、老同学聚会中，一般感觉最好的与最差的都不去，最好的容易不屑，最差的怕被不屑。这都是因为反差所产生的现象。有反差就有落差，有落差就有差距，能找准差

距才能找到自己的位置与航标。星星的璀璨正是来自时空的差距，瀑布的瑰丽正是来自海拔的差距，凡人的伟大正是来自心灵的差距。找到了差距，看清了反差，才能更好地调整自己，既不高傲，也不轻视，既不攀比，也不低下。

（四）学会宽容与包容

宽容是一种对人对事的态度。宽容别人就是宽容自己，用恕己之心恕人，用责人之心责己。包容别人就是让别人接纳自己，包容是一种做人的境界。在现实生活中最影响宽容的就是误会，经常的误会会错杀友情，经常的认识不清会错失感情。一旦你误会别人了，就要抓紧时间承认错误。承认错误不丢人，千万不要拿自己的无知来挑战朋友对你的感情底线与忍让。一旦别人误会了你，你就要学会并做到宽容，或许一切还可以挽回或回到原点。所以人要想走在幸福的路上，不要因为误会而错过了自己的季节，也不要因为天冷就不出门而错过了所认识的人。

（五）学会遗忘，留意自己的不经意

遗忘是对过去的彻底告别不留回忆，遗忘能让人放下包袱走向轻松，遗忘能让人

更加珍惜现在的美好生活。留意自己的不经意就是对当前感觉的感受与回味。不经意的一个笑容能让人感受善意，不经意的一个转身能让人品味美丽，不经意的一个伤害能让人学会醒悟。我们现在需要做的就是好的不经意要留下，不好的不经意不要在意，跟着感觉走，一路走来一路景，一路走来一路乐，把心中的阳光洒在路上是多么幸福的事情。

心灵氧吧

无愧于活在当下

活在当下，着眼于现在，是一种态度，更是一种责任。

活在当下，才会活出完美。

或许当下的日子并不如意，或许今天的世界还不完美，或许如今的你感受到了不公与无奈。但这些都不要紧，一味地悲观与感伤解决不了任何问题，相反，只会让你陷入无尽的苦恼与遗憾之中。倘若你能在今天鼓起勇气，那么你便会收获一日的努力。

把每一天都用心经营，脚踏实地，那么也就足以安乐于当下了。

杜甫在国家危亡之际，勇敢地活在当下，他没有逃避，他呼出“安得广厦千万间，大庇天下寒士俱欢颜”的誓言，他做着“尔曹身与名俱灭，不废江河万古流”的事情。李白在被贬谪下放之时，勇敢地活在当下，他唱出了“长风破浪会有时，直挂云帆济沧海”的豪迈。他们都相信当下的苦难压不倒他们的脊梁，活在现时，不逃避，不止步，积极拼搏，义无反顾，这一路才会旖旎风光。

一位哲人曾说：“我用我的一生染绿了一片叶子，就能将它的金黄留给明天。”只要我们今日不断努力，那么明日一定会收获硕果。

流星的光辉来自天体的摩擦，珍珠的璀璨来自贝壳的眼泪，明天的美好来自今日的创造。把眼光放在现在，活在当下，脚踏实地，人生必有绮丽。

把第一个黎明看作生命的开始
把每一个黄昏看作生命的小结
让每一个这样短短的生命
都能为自己留下一点儿可爱的事业的脚印
和你心灵得到的实质的痕迹
这样才是无愧于活在当下

心有灵犀一点通

过去与未来并不是“存在”的东西，而是“存在过”和“可能存在”的东西。唯一“存在”的是现在。

——库里希坡斯

第五章 焦虑再见：阳光无限

同学们，前面两章介绍了应对焦虑的“认知疗法”和“行为疗法”，大家是不是获益匪浅呢？如果你进一步加强人格修炼，负性焦虑将与你彻底绝缘。

美好人生从“我”开始，我就是我，我们要做独特的自己；“自信人生二百年，会当水击三千里”，要自信，就现在，自信有方法；明确了影响人际关系的因素，你也可以成为“万人迷”；性格ABC，健康和性格息息相关。从现在开始改变，你将创造新的未来。

一、做最独特的自我

心理万象

我愿做一只丑小鸭

在茂密的芦苇边，有一群美丽的白天鹅，它们正昂着高贵的头，欣赏湖边的美景，但你是否注意到了芦苇丛中有一只又黑又小又瘦的丑小鸭？

我愿做只丑小鸭，一只父母没有为我留下资本的丑小鸭。我愿在邻里的鄙视下成长，我愿在父母的唾骂中成长，因为我知道在经历百般磨难的人生中，生命才会更加绚烂多彩。

我愿做只丑小鸭，一只从未放弃过追求的丑小鸭。我深爱那蔚蓝的天空，我知道天空对每一个人都是无私的，我不会放弃对蓝天的奢望，永远都不会！我要展翅飞翔！

我愿做只丑小鸭，一只不停奋斗的丑小鸭。我会为我的理想而拼搏，因为我知道人生是自己的画板，不能依靠别人来为你着色，我也知道上帝永远只青睐那些奋斗的人。我喜欢汗水和泪水流下来的感觉，我喜欢永不停歇的感觉，我也喜欢自己的翅膀茁壮成长的感觉，因为我知道我已对自己的人生无憾，我没有白来这世上走一遭。

我愿做只丑小鸭，一只爱想象的丑小鸭。我不敢停下想象，也不会停下想象。它是成功的动力，是我生活的调色剂，是它给我的生命又加了一层意义。我想象，我真的成功了，我也像那群美丽的白天鹅，我再也不会被瞧不起。我想象，我真的长大了，在湖中以美丽的姿态游啊游，在空中自由地飞啊飞，一直到世界的尽头……

如果上帝看到了我这只不停奋斗的丑小鸭，把成功赐予我的话，我将多么幸福！如果我仍有不足之处，成功与我擦肩而过的话，我也幸福，因为我知道："天空中未留下鸟的痕迹，但我已飞过。"

心理讲坛

同学们，你们听说过上帝造人的故事吗？相传，上帝在造人之前，就把模子打碎了，因此每个人都是独一无二的。海明威说："自己就是主宰一切的上帝，倘若想征服全世界，就得先征服自己。"美好人生从"我"开始，我就是我，我们要做独特的自己。

（一）正确认识自我

只有正确认识自己，才能科学地对待自己的过去，恰当地确立自我发展的方向，实实在在地把握现在；才能在社会情境中找到自己恰当的位置，被社会所接纳。

1. 比较法：从我与他人的关系中认识自我。"当局者迷，旁观者清。"他人就是反映自我的镜子，是个人获得自我认识的重要来源，有自知之明的人能通过和他人比较来认识自己。"尺有所短，寸有所长。"确立一个合理的参照体系，明确一个合理的立足点，对于自我的认识尤为重要。

2. 经验法：从我与事的关系中认识自我。通过自己所取得的成果、成就，从做事的经验中了解

自己，也是一种学习；通过自己的失败经历认识自我，“不经一事，不长一智”，从失败中吸取经验教训，容易避免重蹈失败的覆辙。

3. 内省法：从我与己的关系中认识自我。古人曰：“吾日三省吾身。”通过自我观察认识自己是我们自己教育自己、自我提高的重要途径。我们还可以从实际的我、知觉别人眼中的我、知觉别人心中的我等多个我来全面认识自己。

（二）积极悦纳自我

美国一所黑人教堂的墙上写着一句话：“在这世界上你是独一无二的，生下来你是什么，这是上帝给你的礼物，你将成为什么，这是你给上帝的礼物，上帝给你的礼物你无法选择，但你给上帝的礼物你可以选择。”

悦纳自我，就要喜欢自己，就要保持乐观、性情开朗，就要全面而客观地看待自己的优缺点。只要你喜欢自己，就能接纳自己，看到自己身上的闪光点、潜藏着的能量、存在着的价值，并在此基础上去体验幸福感、愉快感与满足感，就能在遇到学习和生活中的压力、挫折和冲突时，创造一种平和、美好的心境，接纳自己的不完美。

人既不会事事行，也不会事事不行；一事行不能说明事事行，一事不行也不说明事事不行，要善于克服自己的缺点，扬长避短，充分发挥自身潜力。一个其貌不扬的学生，如果过于关注自己的外貌，就会自惭形秽、怨天尤人，不妨把注意力转向自己的内在品质，比如才华、品德或人情练达。一个人的外貌由不得选择，但优良的品质和德行却可以通过努力而达到。

（三）有效控制自我

自我控制能力是自我意识中的重要部分，是个人对自身的心理和行为的主动掌握，是个体自觉选择目标，在没有外界监督的情况下，适当地控制、调节自己的行为，抑制冲动、抵制诱惑、延迟满足，坚持不懈地保证目标实现的一种综合能力。

为了强化自我调控，首先，要激发个体自我调控的动机，在思想上充分认识到自我调控对个体心理和行为发展的巨大必要性和重要性，同时坚信自我调控是可以学会并养成习惯的。其次，要保证自我调控的经常性。“吾日三省吾身”，提倡频繁地反省和反思，进入良性循环，形成“正反馈”效应。最后，自我调控的目标要切实可行。“跳一跳，够得着”，要保证与总目标的一致。

（四）不断完善自我

完善自我是指个体在认识自我、悦纳自我的基础上，根据自己的个性特点，自觉规划行为目标，主动调节自身行为，积极挖掘自己的个性潜能，使个性充分发展以适应社会要求的过程，每个人都可以通过努力达到令自己吃惊的成功境地。

凡是报考印度孟买佛学院的学生，进校的第一堂课就是由该校教授把他们领到该学院正门一侧的一个小门旁，让他们每人进出小门一次。这个门只有1.5米高、0.4米宽，一个成年人要想过去，必须弯腰侧身，不然，就只能碰壁撞头了。进出过这个小门的人几乎无一例外地承认，正是这个独特的行为，使他们顿悟，让他们受益终身。

通向成功的人生之路，几乎没有宽敞的大门，只有弯腰侧身才能进去，只有暂时放下尊贵、体面、风度，才能出入，否则就被挡在院墙之外。如果无力改变现状和达到目标，就平静地接受现实，准备东山再起。有些问题，必须等到时机成熟，才能解决。

心理加油站

自我探索——我是谁

（一）问自己20次："我是谁"

请你把头脑里浮现出来的答案一一写出来(应该尽量写出反映个人风格的语句，少写一些众所周知的内容，比如我是男生、我是妈妈的女儿、我是中国人等等)。每次思考的时间为20秒，如果写不出来，可以略去，继续往下写。

（二）报告与思考

1. 写出了几个"我是谁"?

2. 自我肯定与否定的数目差距大吗?

3. 有几个我涉及自己的未来?

（三）分析

1. 自我压抑感分析

如果能写出12个以上答案，没有压抑；8~12个，部分压抑；8个以下则可以认为是过分压抑自己。会以感到无聊、感到害羞、时间不够等为借口，不能找到更多"我是谁"。

2. 自我肯定分析

答案基本都是肯定自我的，说明自我肯定感较强，表现为接纳自我，自信心较强，但可能自负，自尊心较强，不容易认识到自己的缺点而固执己见；肯定和否定个数相差不大，说明自我认识比较客观；基本上都是否定自己的，可以解释为存在严重的自我否定感，可能过分自卑，无视自己的价值，甚至轻生。

3. 未来感分析

哪怕只有一个答案涉及未来（如"我是未来的教师"），也说明自己有理想和抱负、在现实生活中充满生机；如果没有一个答案涉及未来，则可能说明自己对未来考虑不多，现实感较强，在生活中缺乏目标和前进的动力；如果超过或等于3个，说明未来感较强，但可能有些空想，不合实际。

心有灵犀一点通

任何人都应该有自尊心、自信心、独立性，不然就是奴才。但自尊不是轻人，自信不是自满，独立不是孤立。

——徐特立

二、自信人生二百年

心理万象

自信带来成功

有一位女歌手，第一次登台演出，内心十分紧张。想到自己马上就要上场，面对上千名观众，她的手心都在冒汗。“要是在舞台上一紧张，忘了歌词怎么办？”越想，她心跳得越快，甚至产生了打退堂鼓的念头。

就在这时，一位前辈笑着走过来，随手将一个纸卷塞到她的手里，轻声说道：“这里面写着你要唱的歌词，如果你在台上忘了词，就打开来看。”她握着这张纸条，像握着一根救命的稻草，匆匆上了台。

也许有那个纸卷握在手心，她的心里踏实了许多。她在台上发挥得相当好，完全没有失常。她高兴地走下舞台，向那位前辈致谢。

前辈却笑着说：“是你自己战胜了自己，找回了自信。其实，我给你的是一张白纸，

上面根本没有写什么歌词！”她展开手心里的纸卷，果然上面什么也没写。她感到惊讶，自己凭着握住的一张白纸，竟顺利地渡过了难关，获得了演出的成功。

“你握住的这张白纸，并不是一张白纸，而是你的自信啊！”前辈说。歌手拜谢了前辈。

在以后的人生路上，她就是凭着握住自信，战胜了一个又一个困难，取得了一次又一次成功。

心理讲坛

冰心曾说：“成功的花，人们只惊羡她现时的明艳，然而当初她的芽儿，浸透了奋斗的泪泉，洒满了牺牲的血雨。”我要说：“自信的帆，世人只惊讶它乘风破浪的风姿，而当初的舵手若没有从自卑中脱胎换骨，没有苦苦搏击风浪的训练，何来今日的自信？”

（一）积极自我暗示，相信自己能行

别人能行，相信自己也能行。要善于在课桌上、床沿边上放些激励语：“我行，我能行，我一定能行！”“我是最好的，我是最棒的！”每天早晨起床后、临睡前各默念几次。上课发言前、做事前、与人交往前，特别是遇到困难时要果断地、反复地默念。这样，就会鼓舞自己的斗志，增加心理力量，使自己逐渐树立起自信心。

（二）注意仪表，保持精神风貌

一套笔挺的西装会使得一个男子汉庄重起来，一袭长裙会使得一个姑娘的举手投足显得亮丽迷人。漂亮的仪表容易得到别人的夸奖和好评，提高人的精神风貌和自信心。因此，自卑的孩子特别要注意学会从头到脚扮靓自己。当你的仪表得到别人的夸赞时，你的自信心一定会油然而生。

（三）挑前面的位子坐

你是否注意到，在各种聚会中，后面的座位是怎么先被坐满的吗？大部分占据后排座位的人，都希望自己不会“太显眼”，而他们怕受人注目的原因就是缺乏自信。坐在前面能建立信心，把它当作一个规则试试看，从现在开始，就尽量往前坐。虽然坐在前面会比较显眼，但要记住，有关成功的一切都是显眼的。

（四）说话时正视别人

不敢正视别人通常意味着：感到自卑、不如别人，或我做了或想到什么我不希望你知道的事；我怕一接触你的眼神，你就会看穿我。正视会告诉对方：我很诚实、光明正大，我的话是真的，你完全可以信任我。你要让你的眼睛为你工作，这不但使你增加自信，也能为你赢得信任。

（五）善于当众发言

很多思路开阔、天资高的人，在参与讨论时一言不发或只有只言片语。这并非他们不想，而是因为他们缺少信心。他们总是认为："我的话无足轻重，别人不会采纳的，如果说出来，别人也会觉得太愚蠢，我最好什么也不说。而且其他人可能比我懂得多，我并不想让他们知道我是这么无知。"要抓住每次发言的机会，该说就说，不用考虑你说的正确与否，只要你敢说。这样一次又一次，你的自信会不断增长。

（六）积极参加集体活动

自信心不足的学生应参加各种集体活动，一定要注意克服怯懦、优柔寡断等，培养意志的果断性、自制性和坚韧性。特别要鼓起勇气，大胆参加班级活动，进而参加学校组织的各项活动。在集体活动中见贤思齐，虚心向别人学习，开动脑筋，集思广益，尽力做好每一件事，尽心恪守本职工作。

美文赏析

如果

——[英国] 拉迪亚德·吉卜林

如果所有人都失去理智，咒骂你，

你仍能保持头脑清醒；

如果所有人都怀疑你，

你仍能坚信自己，让所有的怀疑动摇；
如果你要等待，不要因此厌烦，
为人所骗，不要因此骗人，
为人所恨，不要因此抱恨，
不要太乐观，不要自以为是；

如果你是个追梦人——不要被梦主宰；
如果你是个爱思考的人——不要以思想者自居；
如果你遇到骄傲和挫折，
把两者当骗子看待；
如果你能忍受，你曾讲过的事实
被恶棍扭曲，用于蒙骗傻子；
或者，看着你用毕生去看护的东西被破坏，
然后俯身，用破烂的工具把它修补；

如果在你赢得无数桂冠之后，
突遇巅峰下跌之险，
失败过后，东山再起，
不要抱怨你的失败；
如果你能迫使自己，
在别人走后，长久坚守阵地，
在你心中已空荡荡无一物，
只有意志告诉你“坚持！”；

如果你与人交谈，能保持风度，
伴王行走，能保持距离；

如果仇敌和好友都不害你；

如果所有人都指望你，却无人全心全意；

如果你花六十秒进行短程跑，

填满那不可饶恕的一分钟——

你就可以拥有一个世界，

这个世界的一切都是你的，

更重要的是，孩子，你是个顶天立地的人。

心有灵犀一点通

“骄傲”两个字我有点怀疑。凡是有点干劲的，有点能力的，他总是相信自己，是有点主见的人。越有主见的人，越有自信。这个并不坏。

——邓小平

三、增强人际吸引力

心理万象

错误的人际交往

小东，11岁，小学五年级。该生的表现为：贪玩，学习兴趣不高，和同学关系不好。在与同学交往中，爱讲大话，情绪反复无常，常推卸责任；他意志薄弱，自制力差，不讲信用；不注意个人卫生，身上总有一股说不清的臭味。最近，在他身上发生了一件意想不到的事：他竟欠了几个同学的钱，共计348元！经查，原来他为了与同班几个爱玩、会玩的同学一起玩，竟然提出玩一次给对方多少钱。到那天为止，他已付出了近400元。

徐梁，11岁，上学独来独往，课间休息也孤独自处，平时沉默寡言，性格暴躁；有了错误，不肯轻易承认，总把过错推给别人，经常与同学打架，稍不如意就大叫大嚷，拍桌子、摔书本；一遇到老师批评，就咬牙切齿，一言不发，对老师的批评教育有较强的抵触情绪。他一度处于自卑、自弃的失助状态中，沦为个别霸道学生的攻击目标。

小东的同学关系处得不好，他不是从自我方面找原因，努力纠正自身的毛病，而是以消极的方式来应付，借用金钱等外在手段以排遣人际交往不顺带来的压力。而徐梁则是由于从小在同伴交往中受到的挫折，所以才从自己的内心深处排斥朋友。

当前，青少年的交往问题开始越来越受到人们的普遍关注。许多孩子由于家庭教育或是内心认知的一些误区，不愿与人交往，缺乏交往技能。当他们意识到交友的需要时，所付出的代价却是惨痛的。

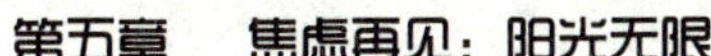

心理讲坛

有朋友是件多么幸福的事！高兴时，有朋友来分享；伤心时，有朋友来分忧；困难时，有朋友来帮忙。朋友能带给我们欢乐、勇气、信心。生活中，为什么有的人好像总是有着无限大的磁场而受到别人的欢迎，但有的人却又不是呢？可见，每个人的吸引力是不一样的，而人际吸引力的大小是由一定的因素决定的。

（一）熟悉性

伯恩斯坦用进化论的观点加以解释，他认为在进化过程中，人类常以小心的方式不断地去应付不熟悉的事物，随着戒心的解除和舒适性的上升，人们对该事物的正性情感也必然增加。可见，人际关系的由浅到深，是从相互接触和初步交往开始的，通过不断了解，才开始引发对一个人的喜欢。

（二）接近性

俗话说："远亲不如近邻。"曾经，当我们还是住在老式住宅时，左右前后的邻居全都认识，而且越是相邻的关系越是密切。不难看出，较小的空间距离有利于建立密切的人际关系，时空的接近性是影响人际吸引的重要因素，但随着时间的推移，它所发挥的作用会慢慢变小。

（三）相似性和互补性

一方面，日常生活中，我们经常可以看到有共同语言、兴趣、态度和价值观的同学在感情上更为融洽，容易成为好朋友。正所谓“物以类聚，人以群分”。另一方面，两个性情截然不同的人，可因彼此在某些方面能互相弥补，而发展成为和谐的人际关系。如较常见的男女之间刚柔相济的自然相补，脾气暴躁者更容易与脾气温和者相处，依赖性强者较倾向与独立性强者一起决策等。

（四）外貌

亚里士多德曾说过：“美丽比一封介绍信更具有推荐力。”美貌之所以会有吸引力，一方面是会使人感到轻松愉快，构成一种精神酬赏；另一方面是可以产生“光环效应”，即较好的外貌会使别人以为这个人还具备其他一系列较好的品质。此外，人们常常认为，同漂亮的人在一起，觉得荣耀和光彩，仿佛自己的身价也随之提高了。当然，这种情况通常只发生在交往的初期，随着时间的推移，这种“光环效应”的作用会渐渐变小。

（五）能力

“宁给智者背包袱，也不给愚者当军师”。能力强的人容易受到人们的喜爱，这是因为人们与能力更强的人在一起，有利于促进自身的发展，很多人都会觉得与能力强的人结交是一种幸福并感到自豪。当然，个人的能力与吸引力在一定限度内成正比，但超出限度，形成了压力，有可能使人“敬而远之”。因而，才能平庸者固然不会受人倾慕，而全然无缺点的人也未必讨人喜欢，最讨人喜欢的是精明而又带有小缺点的人。

（六）个性品质

一般来说，人格品质对人际吸引力的影响往往是深刻、持久和稳定的，我们更喜欢与那些真诚、忠诚、理解、体贴、开朗、善良等品质好的人交往，而说谎、虚伪、邪恶、自私、粗鲁、冷酷的人往往被人们嗤之以鼻。

综上所述，如何处理好人与人之间的关系，建立和睦的人际关系是非常重要的。只有不断在学识、才干、品德等方面做到与人互惠，才能够得到他人的喜欢和赞同。

心理加油站

人际关系综合诊断量表

指导语：本量表共28个问题，每个问题做“是”（打√）或“否”（打×）的回答。请你认真完成，然后参看后面的记分方法，对测验结果做出解释。

1. 关于自己的烦恼有苦难言。 （ ）
2. 和生人见面时感觉不自然。 （ ）
3. 过分羡慕和妒忌别人。 （ ）
4. 与异性交往太少。 （ ）
5. 对连续不断的会谈感到困难。 （ ）
6. 在社交场合感到紧张。 （ ）
7. 时常伤害别人。 （ ）
8. 与异性来往感觉不自然。 （ ）
9. 与一大群朋友在一起常感到孤寂或失落。 （ ）
10. 极易受窘。 （ ）
11. 与别人不能和睦相处。 （ ）
12. 不知道与异性相处如何适可而止。 （ ）
13. 对于不熟悉之人的遭遇倾诉常感到不自在。 （ ）
14. 担心别人对自己有什么坏印象。 （ ）
15. 总是尽力使别人欣赏自己。 （ ）
16. 暗自思慕异性。 （ ）
17. 时常避免表达自己的感受。 （ ）
18. 对自己的仪表（容貌）缺乏信心。 （ ）

19. 讨厌某人或被某人所讨厌。 （ ）

20. 瞧不起异性。 （ ）

21. 不能专注地倾听。 （ ）

22. 自己的烦恼无人可申诉。 （ ）

23. 受别人排斥与冷漠。 （ ）

24. 被异性瞧不起。 （ ）

25. 不能广泛地听取各种意见、看法。 （ ）

26. 自己常因受伤害而暗自伤心。 （ ）

27. 常被别人谈论、愚弄。 （ ）

28. 与异性交往不知如何更好地相处。 （ ）

打“√”的给1分，打“×”的给0分。总分：______

如果总分在0～8分，说明受测者善于交谈，性格开朗，主动，关心别人，对周围朋友很好，愿意与他们在一起，彼此相处得不错。

如果总分在9～14分，说明受测者与朋友相处有一定的困扰，人缘一般，与朋友的关系时好时坏，经常处于起伏变动之中。

如果总分在15～28分，说明受测者在与朋友相处时存在严重困扰。分数超过20分，则表明人际关系行为困扰程度很严重，而且在心理上出现较为明显的障碍。

心有灵犀一点通

友谊建立在同志中，巩固在真挚上，发展在批评里，断送在奉承中。

——列宁

四、人格修炼进行时

心理万象

杞人忧天

在我国历史上的春秋时代，有一个杞国人，总是担心有一天会突然天塌地陷，自己无处安身。他为此事而愁得成天吃饭不香，睡觉不宁。

后来，他的一个朋友得知他的忧虑之后，担心这样下去会损害他的健康，于是特意去开导他说："天，不过是一些积聚的气体而已。而气体是无处不在的，比如你抬腿弯腰，说话呼吸，都是在天际间活动，为什么你还要担心天会塌下来呢？"

那个杞国人听了，仍然心有余悸地问："如果天是一些积聚的气体，那么天上的太阳、月亮、星星，会不会掉下来呢？"

开导他的朋友继续解释："太阳、月亮、星星，也都只是一些会发光的气团，即使掉下来了，也不会伤人的。"

可是杞国人的忧虑还没有完，他接着问："那要是地陷下去了呢？又该怎么办？"

他的朋友又说："地，不过是些堆积的石块而已，它填塞在东南西北四方，没有什么地方没有石块。比如，你站着踩着，都是在地上行走，为什么要担心它会陷下去呢？"

杞国人听了朋友的这一番开导之后，终于放下心来，十分高兴。他的朋友也为他不再因无端的忧愁而伤身体，感到了欣慰。

现实生活中也有不少"杞人"，他们事事多虑，神经过敏，有一种祸在眉睫、大难临头的预感，终日忐忑不安，如临深渊，如履薄冰。这类过度担忧、紧张、敏感、焦虑不宁和担心恐惧的情绪表现都是神经质人格的具体特征。

心理讲坛

现代心理学认为，性格与疾病是有"互动"关系的：不良性格可致病，疾病的发生、发展与不同的性格类型都有密切关系；反之，在性格成为致病因素后，病况又会破坏人们的心绪，使性格进一步变坏。虽然"江山易改，禀性难移"，但性格毕竟具有可塑性，对自己的个性进行"优化"，完全可以扬长避短，促进身心健康。

（一）急躁好胜的A型性格

医学界已经公认，这种类型的人，在心血管疾病方面尤其高发。在冠心病患者中，A型性格行为者占75.5%；在高血压患者中，A型性格行为者占79.5%。同时临床发现，A型性格行为与中风、脑血管疾病、消化道溃疡关系密切。

A型性格的行为特点表现为：做事经常匆匆忙忙，运动、走路和吃饭的节奏很快；对很多事情的进展速度感到不耐烦，总是试图做两件以上的事情；经常不满足现有的状态，对自己寄予极大的期望，雄心勃勃；习惯艰苦紧张的工作，即使休息也难以松弛下来，无法处理休

闲时光；过分争强好胜，表现为好斗、敏捷和强烈的进取心；苛求自己，不惜任何代价实现目标。

当然，A型性格行为常常表现为一种让人喜爱的个性，他们工作认真执着，办事效率高。所以A型行为者，其实在工作和学业上更容易取得好成绩，获得事业的成功。对于这种性格或者说行为类型，并不主张人们因噎废食地放弃竞争心这样过高的要求，因为与其说是A型性格本身带来的健康问题，不如说是这类性格者更容易出现的敌视与愤怒情绪，让他们处于疾病的威胁之下。所以，对于A型性格人，应学会培养耐心，适当降低竞争意识，要有意识地注意休息，在不影响工作的前提下，学会有技巧地“偷懒”和放松。

（二）遇事想得开的B型性格

所谓的B型性格其实是针对A型性格而言的，非A型性格者，通常多认为是B型性格。从健康的角度来说，B型性格行为者出现各类疾病的概率的确较低。研究表明，长寿人群中，B型性格者占83%。

B型性格的行为特点表现为：从容不迫，悠闲自得，生活节奏较慢；稳重，现实，安宁，松弛，顺从，随遇而安；对人较随和，较少有侵犯性，不对别人产生敌意；从未感到被时间所迫，亦未因时间不够用而感到烦躁；除非万不得已，不在别人面前自夸；消遣时，尽兴而返，心旷神怡，无罪恶感；不易为外界事物所扰乱；很容易使自己放下未完成之事而稍作休息或另觅生活之情趣。

但是相对性格表现接近A型性格的人来说，这类人因为看得开，所以通常追求不多，成功概率较小。

（三）忍气吞声的C型性格

新近研究认为，人群中存在一种C型性格。C就是取Cancer（癌）的第一个字母，预示具有这种性格特征的人易患癌症。一般认为，不良性格致癌通过三条途径：一是促进癌细胞生长，二是损伤机体的免疫力，三是改变机体微体酶系的活性，影响其他化学致癌物质的转变。C型性格和皮肤病、哮喘、溃疡病的关系也相当密切。

C型性格的行为特点表现为：性格克制压抑，不表现负面情绪，特别是对愤怒的压抑，好生闷气，尽量回避各种冲突；与别人过分合作，原谅一些不该原谅的行为，对别人过分耐心，屈从于权威；生活和工作中没有主意和目标，不确定性多，有孤独感或失助感。

经常有人认为自己脾气不错，从来不与人争执，也被公认为“性格好”的人。但这种“性格好”有两种可能，一种是B型行为者，真正的想得开，随遇而安，所以一般来说比较健康；但还有一种却是被动地屈服于别人，即使心中有所不满也尽量避免表现出来，这种压抑出来的“好性格”，绝对不是一种健康的模式，恰恰相反，它可能是诱发癌症和相关疾病的C型性格。

A型、B型性格测试

说明：本测试共25个题目，请对每一个题目作出判断。如果该项题目反映的内容符合你的情况，请回答“是”，否则回答“否”。

1. 你说话时会刻意加重关键字的语气吗？（　）
2. 你吃饭和走路时都很急促吗？（　）
3. 你认为孩子自幼就该养成与人竞争的习惯吗？（　）
4. 当别人慢条斯理做事时你会感到不耐烦吗？（　）
5. 当别人向你解说事情时你会催他赶快说完吗？（　）
6. 在路上挤车或餐馆排队时你会被激怒吗？（　）
7. 聆听别人谈话时你会一直想你自己的问题吗？（　）
8. 你会一边吃饭一边写笔记吗？（　）
9. 你会在休假之前赶完预定的一切工作吗？（　）
10. 与别人闲谈时你总是提到自己关心的事吗？（　）
11. 让你停下工作休息一会儿时你会觉得浪费了时间吗？（　）

12. 你是否觉得全心投入工作而无暇欣赏周围的美景？（　）

13. 你是否觉得宁可务实而不愿从事创新或改革的事？（　）

14. 你是否尝试在有限的时间内做更多的事？（　）

15. 与别人有约时你是否绝对守时？（　）

16. 表达意见时你是否握紧拳头以加强语气？（　）

17. 你是否有信心再提升你的学习成绩？（　）

18. 你是否觉得有些事等着你立刻去完成？（　）

19. 你是否觉得对自己的工作效率一直不满意？（　）

20. 你是否觉得与人竞争时非赢不可？（　）

21. 你是否经常打断别人的话？（　）

22. 看见别人迟到时你是否会生气？（　）

23. 用餐时你是否一吃完就立刻离席？（　）

24. 你是否经常有匆匆忙忙的感觉？（　）

25. 你是否对自己近来的表现不满意？（　）

计分说明：如果你有一半以上的题目回答“是”，那么你就有A型倾向了，题目越多，倾向越明显。反之则是B型倾向。

C型性格测试法

1. 你感到很强的愤怒时，是否能把它表达出来？（　）

2. 你是否不管出了什么事都尽可能把事情做好，连怨言也没有？（　）

3. 你是不是认为自己是个很可爱的、很好的人？（　）

4. 你是否在很多时候都觉得自己没有什么价值？（　）

5. 你是否常常感到孤独，被别人排斥和孤立？（　）

6. 你是不是正在全力做你想做的事？（　）

7. 你满意你的社交关系吗？（　）

8. 如果现在你只能活6个月，你会不会把正在做的事情继续下去？（　）

9. 如果有人告诉你，你的病已到了晚期，你是否有某种解脱感？（　）

理想的答案是：1. 是；2. 否；3. 是；4. 否；5. 否；6. 是；7. 是；8. 是；9. 否。

如果你对上述问题的回答中有两个以上与上述答案相反，就说明你具有C型性格的特征。

心有灵犀一点通

播下一种行为，收获一种习惯；播下一种习惯，收获一种性格；播下一种性格，收获一种命运。

——詹姆士

五、从现在开始改变

心理万象

“老鹰”是怎样练成的?

根据鸟类生态学家的研究，老鹰是一种奇特的飞禽，因为它们都把窝巢筑在树梢或悬崖陡岩上，一般的动物很难直接攻击它。可是，老鹰是怎么搭筑窝巢的呢？生态学家用望远镜仔细观察后发现，母鹰先用尖嘴衔着一些荆棘放置在底层，再叼来一些尖锐的小石子，铺放在荆棘上面，又衔一些枯草、羽毛或兽皮，覆盖在小石子上，做成一个能孵蛋的窝。

小鹰出生后，母鹰按时叼回来小虫、肉食，喂入雏鹰嗷嗷待哺的小嘴中；母鹰天天供应食物、细心保护，以防敌人入侵。当小鹰慢慢长大、羽毛渐丰时，就是学习独立的时候了。可是，有什么办法能让小鹰不再眷恋被母鹰呵护、舒适无比的窝巢呢?

有的母鹰开始搅动窝巢，让巢上的枯草、羽毛掉落，而暴露出尖锐的小石子和荆棘；小鹰被刺痛得哇哇叫，加上母鹰无情地驱逐、挥赶，小鹰只好忍痛振起双翅，飞离窝巢。母鹰必须强迫小鹰飞离舒适的窝，学习独立，直到小鹰能够展翅飞入青天。

老鹰是世界上寿命最长的鸟类，可以活到70岁。要活那么久，那么在它40岁时，必须做出困难却重要的决定。它的爪子开始老化，无法有效地抓住猎物；喙变得又长又弯，几乎碰到胸膛；羽毛过于厚重，使得飞翔十分吃力。这时它只有两种选择：等死，或者经过一个十分痛苦的更新过程。

它必须努力飞到山顶并在悬崖上筑巢，停留在那里并经过150天漫长的熬炼。老鹰首先用它的喙击打岩石，直到完全脱落，然后静静地等候，新的喙长出来，再用新长出的喙把指甲一根一根地拔出来，新的指甲长出来后，再把羽毛一根一根拔掉。5个月后，新的羽毛长出来了，老鹰开始飞翔，可以勇猛地再活30年。

从老鹰的故事中，你得到了什么启示？

生命中时常必须做出艰难的决定，开始一个更新的过程，这时，你必须把旧的习惯、旧的包袱抛弃，才可以重新飞翔、投入新的阶段。只要你愿意放下旧的包袱、学习新的技能，就能发挥潜能，创造新的未来。

心理讲坛

一根小小的柱子，一截细细的链子，拴得住一头千斤重的大象，这不荒谬吗？可这荒谬的场景在印度和泰国随处可见。那些驯象人，在大象还是小象的时候，就用一条铁链将它绑在水泥柱或钢柱上，无论小象怎么挣扎都无法挣脱。小象渐渐地习惯了不挣扎，直到长成了大象，可以轻而易举地挣脱链子时，也不挣扎。小象是被链子绑住，而大象则是被习惯绑住。

（一）不满现状却又安于现状的人，占了 80% 以上

时代变迁迅速，人要适应潮流变化就很难安于现状，所以我们应该去做重要的事情，不要花时间去做不重要的事情。而重要与不重要，取决于它的价值，该做的就是重要的，应该尽全力把它做好。当你决心改变时，就要认清什么是重要的事，才能压缩成功的时间。

（二）成功与不成功的比例，大约是 1：4

要成为成功的人，有待学习的事情很多，但有一件事是一开始就必须知道的，如果想成功，就必须勇往直前，追求自己想要的东西。80% 的人对于成功不敢想，或只是想而已，并没有真的去做，常常不愿意改变目前的生活习惯；而成功的人会先从自己本身做起，进而让其他人想跟随，这也是为什么成功的人会吸引成功的人，随之越来越成功。

（三）勇于尝试与改变，才有成功的机会

改变能摆脱过去的限制，让自我得到改进与提升。知道了“什么是可改变”和“什么是必须要接受”的区别，就是真正改变的开始。有了这个认识，才能利用我们有限的宝贵时间，去改变那些可能改变的东西。我们能在少一点自责与后悔的情境中过日子，就能充满自信地面对新的一天。迎向未来有几个选择，拥抱改变、运用改变或主导改变，这是新世纪里每个人成功、快乐的不二法门。

（四）行动是成功的第一步

世界第一的房地产销售员汤姆·霍普金斯说：“所有成功者都有一个信念：拼命去争！”世上最美好的事物，都会有人毫不客气地想从你面前夺取，你若缺乏高人一等的行动力，一切的美好、幸福与快乐，都将眼睁睁地拱手让人。蝉联 12年世界汽车销售冠军的乔·吉拉德被《吉尼斯世界纪录大全》誉为“世界上最伟大的销售员”，他的名言是：“不管别人是否摸鱼，我一定要捕鱼。”他随时自我促销、撒名片，连去餐厅吃饭、给小费，也不忘附上两张名片，让别人认识他。吉拉德认为，如果不主动出击，就不会有人找他买车。

我们不能改变春夏秋冬，但我们可以决定怎么穿衣服；我们不能改变下雨，但我们可以打伞。惧怕变化，就是惧怕成长；惧怕成长，终会一事无成。每个人都想成为一只“大老鹰”，但成为“老鹰”之前，必须有所改变。

心理加油站

在非洲撒哈拉沙漠中有一个叫比塞尔的村庄，它靠在一块15平方千米的绿洲旁，从这里走出沙漠一般需要三天三夜的时间。可是在肯·莱文1926年发现它之前，这儿的人没有一个走出过大沙漠。为什么世世代代的比塞尔人始终走不出那片沙漠？原来比塞尔人一直不认识北斗星，在茫茫大漠中，没有方向的他们只能凭感觉向前走。然而，在一望无际的沙漠中，一个人若是没有固定方向的指引，他会走出许许多多大小不一的圆圈，最终回到他起步的地方。但是自从肯·莱文发现这个村庄之后，他便把识别北斗星的方法教给了当地的居民，比塞尔人也相继走出了他们世代相守的沙漠。如今的比塞尔已经成了一个旅游胜地，每一个到达比塞尔的人都会发现一座纪念碑，碑上刻着一行醒目的大字：新生活是从选定方向开始的。

一个人要想成就一番事业，就应该有一个明确的奋斗方向。沙漠中没有方向的人只能徒劳地转着一个又一个圈子，生活中没有目标的人只能无聊地重复着自己平庸的生活。对沙漠中的人来说，新生活是从选定方向开始的；而对现实中的人来说，新生活是从确定目标开始的。

哈佛大学曾经做过一项长达25年的跟踪调查研究，该项调查的对象是一群智力、学历、环境等条件都差不多的年轻人。调查结果发现：27%的人，没有目标；60%的人，目标模糊；10%的人，有比较清晰的短期目标；3%的人，有十分清晰的长期目标。

25年的跟踪调查发现，他们的生活状况十分有意思。

3%的人——25年来几乎都不曾更改过自己的人生目标，他们始终朝着同一个方向不懈地努力。25年后，他们几乎都成了社会各界顶尖成功人士，他们中不乏白手创业者、行业领袖、社会精英。

10%的人——大都生活在社会的中上层。他们的共同特点是，那些短期目标不断地被达到，生活质量稳步上升。他们成为各行各业不可缺少的专业人士，如医生、律师、工程师、高级主管等等。

60% 的人——几乎都生活在社会的中下层面。他们能安稳地生活与工作，但都没有什么特别的成绩。

27% 的人——他们几乎都生活在社会的最底层，他们的生活都过得很不如意，常常失业，靠社会救济，并且常常在抱怨他人，抱怨社会。

目标对人生有巨大的导向性作用。你选择什么样的目标，就会有什么样的成就，就会有什么样的人生。

美文赏析

相信未来

——食指

当蜘蛛网无情地查封了我的炉台，
当灰烬的余烟叹息着贫困的悲哀，
我依然固执地铺平失望的灰烬，
用美丽的雪花写下：相信未来。

当我的紫葡萄化为深秋的露水；
当我的鲜花依偎在别人的情怀，
我依然固执地用凝露的枯藤，
在凄凉的大地上写下：相信未来。

我要用手指那涌向天边的排浪，
我要用手掌那托住太阳的大海，
摇曳着曙光那枝温暖漂亮的笔杆，
用孩子的笔体写下：相信未来。

我之所以坚定地相信未来，
是我相信未来人们的眼睛——
她有拨开历史风尘的睫毛，
她有看透岁月篇章的瞳孔。

不管人们对于我们腐烂的皮肉，
那些迷途的惆怅，失败的苦痛，
是寄予感动的热泪，深切的同情，
还是给以轻蔑的微笑，辛辣的嘲讽。

我坚信人们对于我们的脊骨，
那无数次的探索、迷途、失败和成功，
一定会给予热情客观、公正的评定，
是的，我焦急地等待着他们的评定。

朋友，坚定地相信未来吧，
相信不屈不挠的努力，
相信战胜死亡的年轻，
相信未来，热爱生命。

心有灵犀一点通

心向着自己目标前进的人，整个世界都会给他让路！

——爱默生

后 记

随着当代社会的飞速发展，青少年赖以生存的社会、学校、家庭的客观环境正在发生着深刻的变化，当代青少年心理问题比以往更为突出，诸如厌学、心理脆弱、不合群、独立能力差、亲子冲突等现象呈增加趋势。

而焦虑，正成为部分青少年学生生命成长中的沉重包袱之一。据有关调查显示：当代学生的焦虑主要来源于学习考试压力、亲子沟通不畅、师生对话缺失、异性交往困惑、网络依赖过度和负面身体自我等方面。

如何使生命个体走出焦虑，走向生命“无限生机”的青春，真正发挥学生的主体作用，真正让学生学会学习、学会生活、学会沟通、学会保健，是每一个教育工作者义不容辞的重任。

基于此，我们经过多年的努力，编写出了这本《跟焦虑说再见》。本书的撰写坚持理论联系实际，既把心理学知识贯穿其中，又紧密结合青少年的学习和生活实际，遵循青少年心理特点和成长规律，力求突出实用性、针对性和可读性。本书融思想性、科学性、时代性为一体，避免理论的硬性灌输，使青少年在春风化雨中学会心理调适，摆脱焦虑困扰，塑造阳光心态。

本书由四川职业技术学院和西南大学心理学院长期从事心理健康教育研究和青少年心理咨询的教师编写，由龚光军任主编，漆明龙、曹贵康任副主编。本书共五章，各章执笔的具体人员为：第一章，龚光军；第二章，廖策权和易彬；第三章，梁俊和贺桂桢；第四章，漆明龙和曹贵康；第五章，陈治芳。全书由龚光军审改、定稿。

在写作过程中，我们参阅或引用了有关专家学者的专著、教材、论文及各网站的一些观点和材料，在此谨向这些文献资料的作者表示衷心的感谢；四川职业技术学院的领导和西南师范大学出版社的郑持军等同志对书稿的修改、统稿和美化提出了意见和建议，在此一并表示感谢！

由于水平有限、时间仓促，书中难免有一些不足之处，敬请各位专家和学者批评指正。

编者